Les Littératures Maudites

Actes du Salon 2016 dédié à H.P. Lovecraft

Médiathèque Voyelles, Charleville-Mézières

Les Études du Dr Armitage n°5

Les Éditions de l'Œil du Sphinx
36.42 rue de la Villette
75 019 Paris, France
ods@oeildusphinx.com
www.oeildusphinx.com

H.P. LOVECRAFT
EST À
L' OEIL DU SPHINX

ART

BIOGRAPHIES

CROSS-OVERS

COLLOQUES

ÉTUDES

FANZINES

INFLUENCES

LIVRES MAUDITS

NOUVELLES

NECRONOMICON

ÉSOTÈRISME

POLITIQUE

REVUES

ALLART

BELLOCQ-POULONIS

FERJAULT

GUILLAUD

THIBAULT

OdS

© 2017 LES ÉDITIONS DE L'ŒIL DU SPHINX

Les Études du Dr Armitage n°5

ISSN de la collection : 2267 — 8964
Dépôt Légal : Juin 2017
ISBN : 979-10-91506 -63-2
EAN : 9 791 091 506 632

La photo de couverture provient du montage réalisé par la Médiathèque pour sa communication.

Infographie: Sabrina Pamies

Éditeur invité d'honneur : Les Éditions de l'Œil du Sphinx.

Les Éditions de l'Œil du Sphinx (ODS) sont le prolongement éditorial de l'association du même nom, créée en 1989 par Philippe Marlin et Nicolas Miècret pour explorer, avec une bande d'amis, leur principale passion, les Terres de l'Ailleurs. C'était l'époque des publications d'amateur (fanzines), et toute une série de titres sortira des presses d'origine de la maison : Dragon & Microchips (Science — Fiction, Fantastique), Murmures d'Irem (Ésotérisme), Rôle » and » Rêve (Jeu de Rôle). Le succès rencontré (62 volumes publiés) amènera les fondateurs en 2000 à doubler l'association d'une véritable structure commerciale, sous forme de SARL, Les Éditions de l'Œil du Sphinx. La philosophie de base reste la même : rendre hommage aux auteurs qui nous ont fait rêver tout en donnant sa chance à une nouvelle génération de talents. Assise sur une équipe dynamique, l'entreprise multiplie désormais les incursions dans de nombreux domaines, mystères de l'histoire, forténisme et cryptozoologie, ufologie et parapsychologie, tout en gardant une fidélité certaine à l'écrivain H.P. Lovecraft qui a inspiré beaucoup de vocations « odésiennes ».

http://www.oeildusphinx.com/

Porteurs de l'événement

La Société des Écrivains Ardennais et le réseau des médiathèques de la Communauté d'Agglomération d'Ardenne Métropole.

Préface

Thibaut Canuti
Conservateur en chef des bibliothèques
Directeur du réseau des médiathèques communautaires Ardenne
Métropole

L'idée de lancer avec la Société des Écrivains Ardennais et Richard Dalla Rosa un salon des littératures maudites consacré aux phénomènes fortéens, à l'ésotérisme, à l'occulte, à la parapsychologie scientifique, au réalisme fantastique et plus généralement à toutes ces littératures des marges, était pour nous un véritable défi. Car si ces travaux ont donné lieu à une abondante production et continuent de réunir de très nombreux lecteurs, ils ne bénéficient que de fort peu de lumière et demeurent relégués dans les limbes du populaire. Cette littérature ne mérite-t-elle pas mieux aujourd'hui ? C'est à notre sens une évidence, évidence ardennaise de surcroît.

Les Ardennes sont en effet un territoire de l'Étrange, peuplé de contes et de légendes, de forêts denses et mystérieuses. Patrie des poètes maudits, d'utopies inachevées et du père des athées en la personne du curé Meslier, les Ardennes ont aussi vu naitre Philippe Marlin, distingué littérateur et animateur des éditions de l'Œil du Sphinx.

Nous tenions ainsi le parrain idéal pour notre manifestation. Le choix de Lovecraft comme premier auteur à qui nous souhaitions rendre hommage s'imposait dès lors comme une nouvelle évidence. L'auteur d'une mythologie ténébreuse, « génie venu d'ailleurs » selon les termes de Bergier, méritait qu'on lui consacre cette première édition.

Les présents actes que l'ODS a bien voulu publier sont ainsi le témoignage de l'intense rencontre littéraire que ce salon d'un nouveau genre a permis, même s'ils ne rendent pas compte de tout ce qui s'est ourdi durant ces trois jours, débats féconds, jeux de rôle lovecraftiens, récital de scie musicale avec HYrtis, exposition de Nécronomicons du monde entier et nuit cinématographique de l'étrange et de l'épouvante, un programme inédit et fructueux.

Au fil de ces pages, les auteurs vous inviteront à interroger l'univers lovecraftien, les mythes d'autrefois qui sous-tendent le légendaire d'aujourd'hui, les contes et légendes ardennais, la parapsychologie scientifique ou les récits d'expériences de mort imminente. Le voyage se poursuivra dans les pas de Raspoutine, l'initié et le guérisseur ou de Maria Deraismes, première femme franc-maçonne. Le lecteur partira aussi à la rencontre des vrais vampires des annales du crime et les plus belles pages du manuscrit Voynich ou des thrillers ésotériques lui seront offertes.

À l'heure où cette publication trouve un point final, la seconde édition du salon des littératures maudites se prépare activement autour de la figure de Jacques Bergier, « amateur d'insolite et scribe des miracles ». Comme son œuvre, ces littératures maudites sont vivantes, elles appellent à un réenchantement du réel.

Et si comme le dit Lovecraft, « Nous vivons sur une île de placide ignorance, au sein des noirs océans de l'infini, et nous n'avons pas été destinés à de longs voyages », il en est un qu'il conviendra désormais de faire chaque année à Charleville-Mézières.

Littérature maudite à la médiathèque

La première édition du salon des littératures maudites se déroulera les 9, 10 et 11 septembre à la médiathèque Voyelles. Une première dans les Ardennes et même au-delà.

À SAVOIR

▶ **Le salon des littératures maudites** se déroulera les 9, 10 et 11 septembre à la médiathèque Voyelles. Entrée libre et gratuite.

▶ **Vendredi 9** à 18 heures : vernissage de l'exposition « illustrateurs du fantastique » et de l'exposition originale de Necronomicons, du nom de l'ouvrage fictif créé par Lovecraft, à qui la soirée sera consacrée. Musique avec DJ Helper.

▶ **Samedi 10**, lectures, conférences, jeux de rôle, signatures avec les librairies Rimbaud, Plume et Bulle, les éditions de l'Œil du Sphinx. À 19 heures, nuit de l'étrange et du fantastique (films et surprises).

▶ **Dimanche 11 :** suite des lectures et conférences, jeux de rôle…

C'est une fierté pour Thibaut Canuti, directeur des médiathèques communautaires. Il organise un salon sur des littératures *« maudites par leur réputation, car souvent mal vues par les institutions, mais qui sont souvent de grands succès d'édition. »* Le genre lui est cher, et sa satisfaction d'organiser ce salon avec la société des écrivains ardennais et le soutien d'Élisabeth Husson, vice-présidente d'Ardenne Métropole en charge de la culture, est d'autant plus grande que ce sera *« le premier salon purement*

Natif des Ardennes, Philippe Marlin sera le parrain du salon. C'est un spécialiste de Lovecraft, à qui un hommage sera rendu.

littéraire jamais organisé dans les Ardennes. » « Même s'il s'agit d'une littérature "à la marge", il y a des auteurs et des textes très intéressants », insiste le président de la SEA, Richard Dalla Rosa.

Hommage à Lovecraft

Avec un budget modeste, inférieur à 5 000 €, malgré le soutien de l'agglo, de la ville et de la région, cette manifestation abordera de multiples sujets : fantastique, parapsychologie scientifique, phénomènes mystérieux, folklore historique, contes, légendes et rumeurs urbaines, imaginaire, Ovni, ésotérisme, occultisme, vampirisme, érotisme… *« Nous aborderons tous les thèmes sous l'angle littéraire, mais il y aura aussi des films et un concert. Il n'y aura pas que des séances de dédicace. Chaque auteur proposera une conférence sur un sujet dans lequel il excelle. »* Le parrain de la manifestation sera Philippe Marlin, né à Sedan, fondateur des éditions de l'Œil du Sphinx, spécialiste du mystère de Rennes-le-Château. C'est aussi un expert de Lovecraft, l'écrivain américain, à qui le salon rendra hommage. Les invités sont tous de renom : Joslan F. Keller, Gérald Méssadié, Richard D. Nolane, Claude Arz, Fabienne Leloup, les Ardennais Jean-Luc Lemaire, Catherine de Mortière…

MIRKO SPASIC

Article dans l'Ardennais du 1er septembre 2016

Un regard sur la mythologie lovecraftienne

Philippe Marlin

Parrain de la manifestation :

Philippe Marlin est une figure de l'Imaginaire français. Auteur, anthologiste, libraire et éditeur, fondateur de l'Œil du Sphinx, une association devenue maison d'Édition, il a écrit et fait publier plusieurs centaines d'essais et romans sur l'Étrange, le Fantastique, la cryptozoologie, les sociétés secrètes, l'occultisme, l'ufologie, les grands maîtres de l'Imaginaire, parmi lesquels Bergier, Seignolle ou Lovecraft et plus généralement les phénomènes fortéens.

Très attaché au territoire du Haut-Razès (Aude) — et donc au mystère de Rennes-le-Château dont il est un connaisseur incontesté — où il passe beaucoup de son temps, il est également un amoureux des Ardennes dont il est natif.

> *Tous mes contes, si hétérogènes les uns par rapport aux autres qu'ils puissent être, se basent sur une croyance légendaire fondamentale qui est que notre monde fut à un moment habité par d'autres races qui, parce qu'elles pratiquaient la magie noire, furent déchues de leurs pouvoirs et expulsées, mais vivent toujours à l'extérieur, toujours prêtes à prendre possession de cette terre.*

Lovecraft[1]

J'ai découvert Lovecraft quelque part au milieu des années 60, à la lecture dans la revue Planète[2] d'un article intitulé « Lovecraft, ce grand génie venu d'ailleurs ». Un article signé Jacques Bergier. Et je ne m'en suis jamais totalement remis. Peut-être parce que Lovecraft, passé le premier choc consécutif à la lecture de son œuvre, m'a poursuivi tout au long de mon parcours, notamment par son incroyable productivité « post mortem ».

---

1   Colportée par Derleth, cette citation a vu son authenticité contestée par certains érudits ; toute querelle savante mise à part, elle n'en est pas moins représentative de la philosophie de l'œuvre lovecraftienne.

2   Numéro 1, octobre 1961.

Ses fictions sont en effet régulièrement reprises, pastichées et enrichies par une foule de disciples[3], alors que ses thématiques fantastiques forment le cœur d'un excellent jeu de rôle, *l'Appel de Cthulhu* ; le cinéma quant à lui s'empare de ses nouvelles les plus marquantes — pas toujours avec bonheur, du reste —, tandis que la musique de rock contemporaine cherche à illustrer, parfois bruyamment, une œuvre aux sonorités étranges. Les tenants des disciplines ésotériques, pour leur part, continuent de plonger dans les créations du Maître de Providence, testant les rituels esquissés au profit de cultes improbables.

L'explication de cette fantastique descendance est à vrai dire assez simple ; Lovecraft a œuvré en véritable créateur d'Univers, donnant à sa fiction un support mythologique à la fois particulièrement riche et suffisamment « flou » pour qu'il puisse être réutilisé sans difficulté par une postérité d'admirateurs. C'est à l'exploration des diverses facettes de ce mythe[4] que nous vous convions aujourd'hui.

Mais avant de plonger, et à l'intention du néophyte (un petit aparté sur Jacky Ferjault, Lauric Guillaud, Richard D. Nolane et Jean-Michel Nicollet ici présents), quelques mots rapides pour présenter le personnage. Il ne s'agit évidemment pas de vous proposer une biographie, d'autres l'ont

---

3   On lira sur cette invraisemblable descendance littéraire l'ouvrage de Patrice Allart, *le Guide du Mythe de Cthulhu* publié chez Encrage, 1999.

4   On parle couramment du Mythe de Cthulhu lorsque l'on aborde ce type d'étude ; sans verser dans les habituelles polémiques réservées aux exégètes érudits, il me semble que la référence à Cthulhu est inutilement réductrice ; je préfère pour ma part parler du Mythe Lovecraftien. Telle est également la thèse retenue par S.T. Joshi dont on lira avec profit *Clefs pour Lovecraft* publié chez Encrage, 1990.

fait de façon très érudite[5] et fort détaillée, tant il est vrai que sa vie est bien connue, l'auteur ayant échangé des milliers de lettres avec de nombreux correspondants[6].

Lovecraft est né le 20 août 1890, à Providence, capitale du petit état de Rhode Island, au nord de New York et à proximité de Boston. Il perdra son père très jeune (1898) et vivra avec sa mère et ses deux tantes. De santé fragile, il sera retiré de l'école de façon précoce et vivra solitaire, avec pour compagnons les nombreux livres de la bibliothèque de son grand-père. Ils l'aideront à assouvir sa soif inextinguible de culture. Il s'intéressera à l'astronomie, discipline à laquelle il consacrera un petit bulletin et commencera à écrire poèmes et fictions dès 1896[7]. Il publie son propre fanzine, *The Conservative* (1915 à 1923), rentrant ainsi de façon très active dans le domaine du fandom. Une façon de briser sa solitude en publiant ses textes et en découvrant les productions d'autres amateurs. Ses propres écrits sont fort appréciés de ses correspondants, mais ne connaissent qu'un succès mitigé sur le plan de l'édition. *Weird Tales,* un pulp bon marché, sera son principal débouché.

---

5   Comme Sprague de Camp (*HPL, le roman de sa vie*, NEO 1975, traduction de Richard D. Nolane) ou S.T. Joshi (*H. P. Lovecraft, A Life*, West Warwick, RI, Necronomicon Press, 1996, traduction « privée » de Jacky Ferjault)
6   Lire l'excellente vraie-fausse autobiographie réalisée d'après ses lettres : *Moi, H.P. Lovecraft*, Jacky Ferjault, Editions de l'Œil du Sphinx, 2004.
7   Sa première nouvelle, *The Little Glass Bottle* a été écrite alors qu'il avait 6 ans.

La maison de Lovecraft au 10 Barnes Street

La situation financière de la famille se détériorant régulièrement, il va effectuer divers travaux de « nègre » pour mettre du beurre dans les épinards ! Après la mort de sa mère (1921), il partira à New York[8] où il rencontrera « en vrai » plusieurs de ses correspondants, et notamment Sonia Greene qu'il épousera en 1922. Incapable de trouver un emploi stable et face aux difficultés financières du couple[9], il rentrera à Providence chez ses tantes et divorcera. Il poursuivra son œuvre tout en voyageant beaucoup, à la fois dans sa proche région qu'il adule, au Québec qui le fascine et au travers des États-Unis pour rencontrer ses amis. Il s'éteindra d'un cancer le 15 mars 1937 au Brown Memorial Hospital de Providence, à l'âge de 47 ans.

---

8   Lire à ce sujet *Lovecraft à New York* de Jacky Ferjault, Editions de l'Œil du Sphinx, 2016.

9   Sonia Greene tenait un magasin de chapeaux.

La tombe de Lovecraft au cimetière de Providence

Margré une vie très courte, Lovecraft laissera une œuvre considérable dont l'essentiel peut être classé schématiquement en :

° Histoires macabres (1905-1920),

° le Cycle du Rêve (1920-1927),

° le Mythe de Cthulhu (1927-1935),

production à laquelle il faut bien sûr ajouter sa volumineuse correspondance, ses révisions, ses poèmes (les *Fungi de Yuggoth)* et quelques essais dont le remarquable *Épouvante et Surnaturel en Littérature* (1927).

La légende retiendra de lui trois clichés,

° celle d'un homme solitaire, une sorte d'ermite. Ce qui est faux, du moins après ses années de jeunesse. Il voyageait beaucoup comme on l'a vu, possédait de nombreux amis et avait même formé avec ses plus proches une sorte de petit club particulièrement convivial.

° celle d'un raciste. Il faut être ici très nuancé. Il épousait en effet une forme de racisme que l'on pourrait qualifier « de son époque », exacerbé il est vrai par son expérience désastreuse à New York, ville dont il finit par ne plus voir que le côté « immigrés ». Il faut relire à cet égard son excellente nouvelle, *Lui*, 1925 [10] , dans laquelle il part à la recherche d'un New York disparu. Il évoluera cependant sur ce sujet et se ralliera à la fin de sa vie, sur le plan politique, au *New Deal* de F.D. Roosevelt[11]. Il n'en reste pas moins vrai que son œuvre sera profondément marquée par le thème de la dégénérescence, produit du métissage entre humains, mais aussi entre humains et créatures non-humaines. *Le Cauchemar d'Innsmouth* (1931) est à cet égard une nouvelle emblématique.

° celle d'un matérialiste, condamnant l'illusion religieuse et « le

---

10   **Lui** (1925, HE in *Weird Tales*, 1926). Un récit qui démarre de façon très autobiographique, dans lequel le narrateur (non nommé) explique comment, après avoir été fasciné par New York lors de son arrivée dans la cité, il a pris violement en grippe la ville. Car le vieux New York, contrairement aux vieux Paris ou Londres, est mort, définitivement. Et d'explorer la nuit des ruelles oubliées et des passages reculés à la recherche des traces de la ville légendaire. Il trouvera, dans une impasse obscure, quelques restes décrépis de la cité oubliée et fera la rencontre d'un personnage mystérieux, habillé de façon archaïque, qui lui fera visiter le quartier. Il l'amènera dans sa vieille demeure. C'est un antiquaire dont l'un des ancêtres pratiquait la sorcellerie et qui a éliminé nombre d'indiens qui foisonnaient dans les parages, non sans leur avoir soutiré leurs connaissances occultes. Il lui montrera une fenêtre magique, par laquelle il est possible de voir le quartier (de Greenwich) avant l'édification de la ville, puis le plongera dans le futur, avec un New York saturé, infesté par les immigrés, et dont le ciel est sillonné par de bruyants engins volants. Mais cette vision terrifiante est interrompue par des bruits de créatures qui envahissent la maison. Ce sont les indiens massacrés qui viennent se venger. L'antiquaire se transformera en hurlant en boue noirâtre et le narrateur aura juste le temps de s'enfuir… pour rentrer « chez nous », à Providence !
Un récit manifestement inspiré par les excursions nocturnes de l'auteur dans Greenwich.
11   Voir *Lovecraft et la Politique* de Jacky Ferjault, Editions de l'Œil du Sphinx, 2008.

cancer de la superstition ». Cela est tout à fait exact et nous fait toucher le grand mystère de sa création littéraire. Comment un écrivain qui affiche un matérialisme intransigeant a-t'il pu consacrer l'essentiel de son œuvre à des sujets relevant de l'ésotérisme et de l'occultisme ? Nous reviendrons longuement sur ce « matérialisme ésotérique ».

Le personnage étant campé, retrouvons la mythologie lovecraftienne.

Un Mythe qui renouvelle totalement la Métaphysique

> *Toutes mes histoires sont basées sur l'idée fondamentale que les lois, les intérêts, et les émotions qui sont communs à l'humanité n'ont aucune valeur ou signification d'un point de vue cosmique... Pour donner l'impression d'un Ailleurs véritable, par delà l'espace, le temps et les autres dimensions, il faut oublier que des choses telles la vie organique, le bien ou le mal, l'amour ou la haine, et tous les autres attributs de cette race*

> *négligeable et éphémère qui se nomme humanité, aient une quelconque existence.*

Lovecraft[12]

On peut dire, sans craindre l'exagération, que, jusqu'à Lovecraft, l'homme était au centre de l'univers ; soit parce qu'il était le fils de Dieu, et à ce titre parcelle de la transcendance divine ; soit parce qu'il était le seul moteur d'un univers matérialiste, chargé de façonner la terre à son image et à son service. Même l'existentialisme ramènera tout à l'individu. Avec Lovecraft, la page de l'anthropocentrisme est tournée. L'homme n'est plus qu'une poussière dans l'univers, une créature insignifiante qui assiste, bien souvent de façon inconsciente, au jeu de forces cosmiques qui le dépassent et ne le concernent guère. Exit la primauté de l'individu, exit Dieu et la religion. Une belle illustration du choc qu'entraîne cette « révision cosmique » est donnée par Jacques Sadoul dans son roman néo-lovecraftien, *Le Domaine de R.*[13] Un brave abbé, pétrit de sa bonne foi judéo-chrétienne, découvre la nature ultime de l'univers et des forces qui le régissent. Et de murmurer : « *maintenant, je sais...* Lorsqu'il prononça ces mots, il n'y avait plus de trace de vie dans ses yeux. Qui saura jamais de quel séjour vinrent ses ultimes paroles ».

Si l'on cherche à synthétiser la cosmogonie lovecraftienne, et au risque de la déformer, on peut dire qu'à l'origine des temps régnaient sur l'univers les Grands Anciens et Ceux de la Grande Race. Le conflit qui

---

12   *Selected Letters*, volume II, page 150

13   Livre de Poche no 2522. A signaler une belle réédition chez Rivière Blanche en 2014.

les opposa amena les seconds à punir les félons et à les emprisonner dans divers endroits de l'univers. Cette malédiction est matérialisée par un sceau, représentant une étoile à cinq branches avec un œil au milieu (cf par exemple *le Monstre sur le Seuil*, 1937). Dès lors, la thématique principale des contes mythologiques de Lovecraft est-elle celle des tentatives faites par les Grands Anciens pour reprendre leur domination du monde, avec l'aide d'humains faibles et influençables, dotés d'une sensibilité exacerbée qui les amène parfois à « capter » les rêves de ces monstruosités.

Lovecraft nous offrira du reste une grandiose vision de synthèse du « Mythe » dans *Les Montagnes Hallucinées* (1931) et *Dans l'Abîme du Temps* (1935). Les Anciens sont venus, dans un passé immémorial, des étoiles. Ils ont colonisé la terre, aidés par des créatures de synthèse qu'ils ont mises au point, les shoggoths. Ils ont dû combattre d'autres créatures stellaires malfaisantes, les Grands Anciens, comme Cthulhu, et les ont cantonnés sous les mers ou dans l'espace. Ils ont dû aussi faire face à une révolte des shoggoths, un peu sur le thème de la révolte des robots ! Mais les bouleversements géologiques les ont contraints de se replier en Antarctique, puis au centre de la terre où ils survivent encore.

Cette présentation est d'autant plus intéressante qu'elle précise la véritable nature les créatures de Lovecraft :

Ils n'avaient pas même été sauvages – car qu'avaient-ils fait en vérité ? Cet affreux réveil dans le froid d'une époque inconnue — peut-être l'attaque de quadrupèdes velus aboyant follement et la défense abasourdie contre eux et des simiens blancs tout aussi frénétiques, avec leurs bizarres enveloppes et leur attirail... Pauvre Lake, pauvre Gedney... et pauvres Anciens ! Scientifiques jusqu'au bout — qu'ont-ils fait que nous n'aurions fait à leur place ? Dieu, quelle intelligence et quelle ténacité ! Quel affrontement de l'incroyable, tout comme ces frères et ancêtres sculptés avaient affronté des choses à peine moins croyables ! **Radiolaires, végétaux, monstres, frai d'étoiles — quoiqu'ils aient été, c'étaient des hommes !** (in *Les Montagnes Hallucinées)*

Une Cosmogonie qui obéit à son propre Panthéon

Le Panthéon lovecraftien est d'autant plus riche qu'il a été régulièrement complété par ses disciples et qu'il faut pratiquement se référer à une encyclopédie pour en faire le tour !!![14] Nous en resterons pour notre part aux créations purement lovecraftiennes.

L'Encyclopédie de Daniel Harms

---

14   Une encyclopédie de ce type existe du reste ; cf The Encyclopedia Cthulhuiana de Daniel Harms, publiée par Chaosium. Bien qu'orientée « jeu de rôle », elle fait un tour impressionnant du sujet.

Divinités, monstres, extra-terrestres, les créatures que nous propose l'écrivain de Providence sont assurément de nature trouble. Divinités, peut-être, puisqu'elles donnent à la cosmogonie une architecture d'inspiration religieuse et suscitent de nombreux cultes. Monstruosités à l'évidence, de par leur aspect repoussant et leur odeur putride. Extra-terrestres vraisemblablement, en raison de leurs origines stellaires. À noter que ces pseudo-divinités, pourtant toutes puissantes, ne sont pas totalement infaillibles. À l'instar des Dieux du Panthéon gréco-romain, les monstres lovecraftiens ont leurs faiblesses. Ils peuvent être chassés, emprisonnés ou mis en échec. À titre provisoire bien sûr ! On combat les Grands Anciens, alors qu'on croit à Dieu ou qu'on le rejette. Car nous ne sommes pas ici dans l'univers de la croyance, mais dans celle d'une métaphysique purement matérialiste. Les Grands Anciens sont un fait. Point. Pas plus que nous ne sommes prisonniers du fameux couple ontologique, celui du bien et du mal. La mécanique universelle est à l'œuvre ; c'est ainsi ! Inutile de rechercher une signification qu'elle ne possède pas.

Beaucoup de travaux ont été consacrés à l'établissement d'une sorte d'arbre généalogique des créatures du mythe[15]. Lovecraft lui-même, dans une lettre du 27 avril 1933 à James F. Morton, s'y est essayé.

---

15   Cf, entre autres, « La Mythologie de Cthulhu » de Jacques Van Herp in *H.P. Lovecraft, Le Maître de Providence*, chez Naturellement.

Typologie des « Monstres » (in lettre à JF Morton, 27/04/1933-

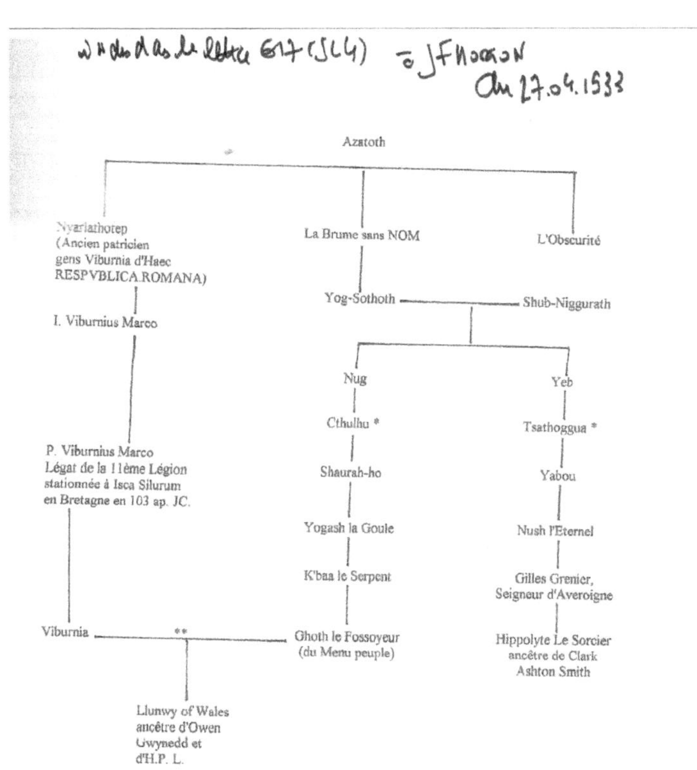

* Le premier de leurs lignées respective à habiter cette planète.
** Cette union fut diabolique et innommable tragédie.

Le panthéon vu par Lovecraft

On trouve, au sommet de la pyramide, **Azathoth**, le chef de la rébellion contre les Anciens Dieux. Exilé dans les espaces extérieurs, il est devenu aveugle et idiot. Il est pourtant le Maître du Chaos Originel et préside à la radicale absurdité du monde. Il est, pour le rêveur Randolph Carter, en quête de la merveilleuse Kaddath, *l'ultime péril, dont les grognements inarticulés montent, de façon infâme, du chaos extérieur, où nul rêve ne peut* *atteindre ; la plus grande abomination sans fond des abîmes chaotiques les plus profonds où il blasphème en bavotant, au cœur de tout*[16]. **Nyarlathotep**, le Chaos Rampant, est son fidèle serviteur. Lovecraft, dans une lettre du 14 décembre 1921 à Reinhardt Kleiner, définit ainsi sa création : *Nyarlathotep est un cauchemar… le plus horrible et le plus réaliste que j'ai éprouvé depuis l'âge de mes dix ans, et mon récit fantastique n'est que le faible miroir de sa hideur réelle et de sa lugubre impression.* Il évoque bien sûr quelque monstrueuse créature égyptienne ; il est aussi l'Homme Noir, une des incarnations habituelles de Satan au temps de la sorcellerie. On le retrouve dans « Celui qui hante les Ténèbres » comme une entité ailée d'un noir de jais, disposant d'un œil énorme pourvu de trois globes. Culte lui est rendu par l'intermédiaire du Trapézoèdre de cristal dans une vieille église de Boston. Autre prisonnier du Chaos Extérieur, **Yog Sothoth** est *un tout en un, et un un en tout, un être à la fois infini et limité……, l'ultime maelström sans limites qui dépasse aussi bien les mathématiques que l'imagination*[17] Il est cité régulièrement dans maints livres maudits comme l'inspirateur d'une puissante magie noire. Celle-ci sera particulièrement illustrée dans *l'Affaire Charles Dexter Ward.*

Une place particulière est bien évidemment à consacrer à **Cthulhu**, véritable cœur du Panthéon et inspirateur de nombreuses pièces du Mythe. Alors que les créatures précédentes ont été rejetées dans de vagues Ténèbres Extérieures, Cthulhu est là, sur notre terre, emprisonné au fond du Pacifique dans la légendaire cité de R'Lyeh.

---

16   Cité par Maurice Lévy, in Lovecraft ou du Fantastique, 10/18 no 675.
17   In *A travers les portes de la clef d'argent.*

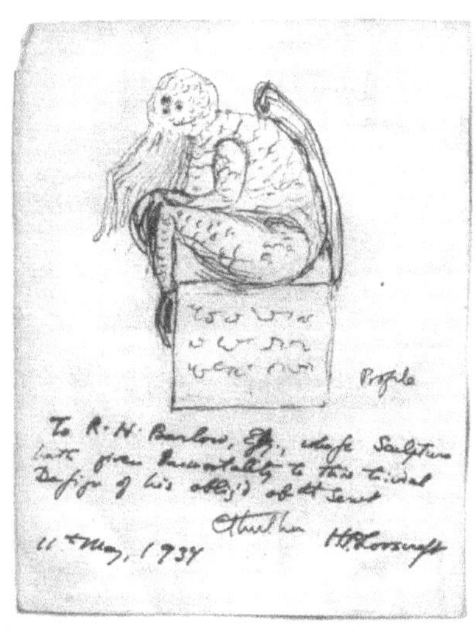

Cthulhu vu par Lovecraft

On l'aura compris : Cthulhu pénètre de ses rêves les humains les plus sensibles, des dégénérés au sang mêlé, qui lui vouent un culte sans partage. Un culte empreint d'incantations et de rites barbares qui risquent de déchaîner sur le monde l'Abomination (cf *l'Appel de Cthulhu*). Cthulhu, rappelons-le, a été le moteur d'une phénoménale descendance littéraire, et les écrits post-lovecraftiens mettant en scène l'abominable créature tentaculaire se comptent par centaines[18]. Un Mythe du reste tellement puissant que certains chercheurs ne désespèrent pas de localiser un jour la mystérieuse cité-prison de R'Lyeh. C'est ainsi que, dans le Fortean Times, John V. Sanders publiait les informations suivantes/En *juillet 1997 — et à nouveau en janvier 1998 — la Discovery Channel aux USA diffusa un documentaire sur les fonds sous-marins, Les créatures des Abysses, qui faisait mention d'un « mystérieux bruit » — et d'une émanation acoustique immensément puissante venant de « quelque part dans le Pacifique Sud, à mi-chemin*

---

18   Cf le *Guide du Mythe de Cthulhu* déjà cité.

environ entre la Nouvelle-Zélande et le Chili ». Détectée par le système SOSUS de l'US Navy — un réseau d'écoute sous-marine — le son, obsédant, parut varier en amplitude et en modulation, la meilleure représentation de ce qui pouvait être, la respiration ou les vocalises répétitives de quelque incommensurable créature résidant dans une caverne. Et de conclure : Lovecraft était-il simplement l'écrivain de science-fiction par excellence [19] ou, comme beaucoup le pensent, un savant d'une étonnante érudition ? Ces recherches parmi les arcanes de la Théosophie, dans la connaissance de la mythologie et de l'occultisme, ont-elles fourni des révélations trop contradictoires — et trop dérangeantes — à la société du début du XXe siècle ?

Le numéro spécial Lovecraft du Fortean Times

Charles Berlitz a écrit sur le « Triangle du Diable » — une étendue marine comme le Triangle des Bermudes, située à l'ouest du Pacifique, où bateaux et avions ont mystérieux disparu. « El-Niño » — le phénomène

19   En français dans le texte.

climatique responsable de beaucoup de dégâts et de morts depuis une quinzaine d'années — naît dans le Pacifique Sud-Est et s'étend à l'ouest jusqu'à l'Australie. En 1969, une anomalie magnétique d'une grande échelle eut lieu, sans raisons connues. Le champ géomagnétique de la Terre « bippa » brièvement (Science News du 10.05.1988). En même temps, une enquête rapporte qu'une créature avait fait surface, parait-il, ressemblant à celle de l'immense Cthulhu, au large de la Malaisie ; d'après une lettre de Pursuit (v21, n2, p89, 1988) de Keith L. Partain, un de ses collègues décrivit, pour l'avoir vue, « un énorme poulpe, peut-être d'origine extra-terrestre].[20]

Cthulhu renvoie sur **Dagon,** autre divinité marine. **Dagon** fait partie des premières nouvelles de Lovecraft (1917, The Vagrant 1919) et constitue un des tout premiers prémices du « Mythe ». Il s'agit du récit d'un officier de marine (non nommé) qui, après le naufrage de son navire, arrive à se sauver dans une embarcation ; celle-ci va se retrouver prisonnière d'une matière visqueuse qui recouvre l'océan et qui se solidifie progressivement. Le naufragé poursuit son périple à pied en direction d'une colline du haut de laquelle il aperçoit un monolithe blanc recouvert d'étranges symboles aquatiques. Et là entre en scène un monstre répugnant qui enserre de ses tentacules le monument.

Mais ce furent les bas-reliefs qui me terrorisèrent. Ils étaient parfaitement visibles, car ils s'élevaient bien au-dessus de la nappe d'eau envahissante. Doré les aurait contemplés avec envie. Je pense en effet que ces sculptures voulaient représenter des hommes — ou tout au moins une certaine catégorie d'hommes. Ils jouaient comme des poissons dans des grottes sous-marines, ou bien se réunissaient dans un sanctuaire

---

20   Repris dans L'*Encyclopédie des Mondes Perdus*, section consacrée à R'Lyeh. Une publication de l'association L'Œil du Sphinx.

monolithique qui, lui aussi, reposait au fond des eaux... je n'ose pas les décrire en détail, car il me suffit d'évoquer leur image pour défaillir. Plus horribles encore que les personnages qui hantaient l'imagination délirante d'un Poe ou d'un Bulwer, ils avaient une allure odieusement humaine, malgré leurs pieds palmés, leurs mains molles, leurs lèvres énormes, leurs yeux gonflés, et d'autres traits encore plus déplaisants. Ces créatures semblaient avoir été sculptées en dépit de toute proportion : la baleine qui, sur le bas — relief, succombait, victime de l'une de ces créatures, était à peine plus grande que son agresseur. Je décidai que ces personnages grotesques ne pouvaient être que des dieux imaginaires de quelque tribu de pêcheurs ou de marins, engloutie avant même que naquit le tout premier ancêtre du Piltdown ou de l'homme de Néandertal.

Le marin perd la raison, s'enfuit et reprend connaissance à l'hôpital de San Francisco. Retourné chez lui, il interroge une relation ethnologue sur la légende philistine de Dagon, le Dieu poisson. Il sombre dans la folie, hanté par d'horribles cauchemars alors que sa maison vibre sous d'étranges grattements. Il finit par se suicider.

Il n'est pas encore question ici de « Grands Anciens », mais apparaît dans ce texte court un premier « monstre », qui n'est pas à proprement parler une création lovecraftienne, mais un emprunt à la mythologie. Dagon, forme ancienne Dagan, est un important dieu des populations sémitiques du Nord-Ouest. Il est le dieu des semences et de l'agriculture et fut un des dieux principaux des Philistins. Très tardivement dans son histoire, à partir du IVe siècle apr. J.-C., on le trouve représenté sous la forme d'un poisson (*dag* en hébreu) [21].

---

21   *La Bible* mentionne la présence de statues de Dagon dans le camp des Philistins, les principaux ennemis du peuple hébreu dans le *livre des Juges* et les *livres de Samuel*. L'histoire se passe après la prise par les Philistins de l'arche

Notre promenade dans les méandres du Panthéon ne serait pas complète sans citer **Urm-At-Tavil**, le doyen des Grands Anciens, **Tsathoggua**, le Dieu Crapaud, poilu et ventru, ou encore **Shub-Niggurath**, la chèvre noire des forêts dont il est dit, dans d'odieux grimoires, qu'elle proliférera de hideuse manière sur le monde. Un Panthéon qui tourne la tête lorsqu'on sait que Lovecraft prêtera à ses condisciples en littérature certaines de ces divinités, utilisant en contrepartie **Hastur** créé par Chambers pour *le Roi en Jaune* ou le **Tsathoggua** de son ami Clark Aston Smith. *Pour le plaisir de construire un cycle convaincant de folklore synthétique, tous ceux de notre bande font fréquemment allusion aux démons favoris des autres... Parfois j'insère également un démon ou deux pour des clients professionnels[22]. Ainsi notre Panthéon acquiert une publicité accrue et une pseudo-autorité qu'il n'aurait pas gagnée sinon.*[23]

Une Philosophie Occulte dotée d'une véritable littérature

La mythologie lovecraftienne ne serait rien sans ses fameux grimoires, à la fois ouvrages de magie et traités de métaphysique,

---

d'alliance.

« Les Philistins prirent l'arche de Dieu, et ils la transportèrent d'Ében Ézer à Ashdod. Après s'être emparés de l'arche de Dieu, les Philistins la firent entrer dans la maison de Dagon et la placèrent à côté de Dagon. Le lendemain, les Ashdodiens, qui s'étaient levés de bon matin, trouvèrent Dagon étendu la face contre terre, devant l'arche de l'Éternel. Ils prirent Dagon, et le remirent à sa place. Le lendemain encore, s'étant levés de bon matin, ils trouvèrent Dagon étendu la face contre terre, devant l'arche de l'Éternel ; la tête de Dagon et ses deux mains étaient abattues sur le seuil, et il ne lui restait que le tronc. C'est pourquoi jusqu'à ce jour, les prêtres de Dagon et tous ceux qui entrent dans la maison de Dagon à Ashdod ne marchent point sur le seuil. » La Bible, *Premier livre de Samuel, chapitre 5, versets 1 à 5.*

22   Lovecraft fait allusion ici à sa carrière de « nègre ».

23   Letrre du 14/08/1934 à W.F. Anger.

recueils de rituels et récits d'une terrifiante histoire préhumaine. Le vrai se mélange en permanence au faux dans les références proposées par l'écrivain. Il en résulte un sentiment de trouble chez le lecteur, la pure fiction littéraire instillant le doute et amenant le plus crédule à rechercher dans d'improbables librairies les ouvrages inventés. À l'instar du Panthéon, la bibliothèque lovecraftienne n'a cessé de s'enrichir sous la plume de disciples passionnés, empilant sans vergogne de nouveaux traités sur les volumes maudits imaginés par le Maître.

À noter qu'une très intéressante étude a été publiée sur cette foisonnante création littéraire sous la signature de Johan C. Stanley, *Ex Libris Miskatonici*, chez Necronomicon Press (1995). Elle prend la forme d'un catalogue, celui de l'Université de Miskatonic, cité imaginaire créée par l'auteur. *Seize articles, plus particulièrement, font l'objet d'une recherche et d'une enquête bibliographique continue. Pour répondre à quelques-unes des questions les plus souvent posées à leur sujet, la Bibliothèque a confectionné le volume qui suit, avec l'information sélectionnée, en partie, d'après le célèbre Catalogue du Dr Llanfer, autant que par le biais d'autres sources qui font autorité. Espérons que cela répondra aux questions de tout un chacun et offrira des pistes pour des enquêtes plus savantes et professionnelles. Dans sa majorité, l'information contenue ici l'est sous forme de résumé, les données plus pointues étant disponibles sur demande au Département idoine de la Bibliothèque. Tous les ouvrages évoqués sont consultables pour étude sur présentation d'accréditations en règle. La demande doit en être faite directement à l'Administration de la Bibliothèque de l'Université.*[24]

---

[24]   Traduction française de Jacky Ferjault. La traduction complète de cet ouvrage sera publiée dans le cinquième tome du *Bulletin de l'Université de Miskatonic*, une revue proposée par l'association L'ŒIL DU SPHINX.

Je ne résiste pas au plaisir d'en donner le sommaire :
Introduction : Bref Historique des Donations de la Bibliothèque, des Musées et des Fondations à la Bibliothèque de l'Université de Miskatonic.
La Bibliothèque sur pierre.
I. Les Manuscrits Pnakotiques.
II. Les Fragments d'Eltdown et de Celæno.
III. Les Fragments de G'harne et du Sussex.
Le Département des Antiquités orientales.
I. Les Sept Livres cryptiques de Hsan.
II. Le Livre de Dzyan.
III. Le Texte de R'lyeh et les Chants Dhol.
IV. L'Écriture Ponape.
La Collection Darby.
I . Le Codex Dagonensis.
II. Le Culte des Goules.
III. De Vermis Mysteriis.
IV. Peri ton Eibon ou le Liber Ivonis.
V. Die Unaussprechlichen Kulten.
Le Necronomicon.
Appendice : Pseudepigrapha.
I. Le Manuscrit Voynich.
II. Præsidia Finum ou Frontier Garrison.
Bibliographie

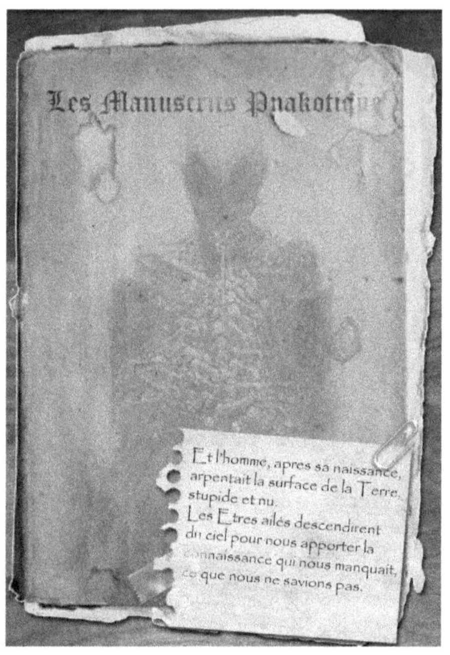

Le cadre de cette contribution ne nous permet que de survoler[25] quelques volumes ; alors feuilletons **Les Manuscrits Pnakotiques**, un livre antérieur à l'époque glaciaire et rédigé par « Ceux de la Grande race » ; une lecture utilement complétée par **Le Livre d'Eibon**, écrit dans une langue aujourd'hui oubliée, celle de l'antique Hyperborée. Citons également le **Liber Damnatus**, de source inconnue, et le terrible **De Vermis Mysteriis**, attribué à Ludwig Prinn. On feuillettera le **Sussex Manuscript**, traduction anglaise du **Cultus Maleficarum**, un ouvrage richement enluminé, écrit en double colonnes et en caractères gothiques. On s'arrêtera sur le **R'lyeh Text**, composé par les émules de Cthulhu qui nous narre, entre autres, l'édification de la cité secrète du Pacifique. On admirera **Les Revelations De Glaaki,**

---

25   Un tour rapide de la bibliothèque peut être effectué en lisant l'article de Marc Deckers, « Les Livres Lovecraftiens », in *H.P. Lovecraft, le Maître de Providence*. Op. cité

sorte de Bible de l'occulte en 12 tomes, et on étudiera attentivement le **Manuscrit Ponape,** ramené à Arkham en 1734 par un capitaine de vaisseau marchand, Abner Ezechiel Hoag. À noter que ce Manuscrit a inspiré une sympathique mystification, celle des **Tablettes De Xanthu**. Un vrai-faux document, soumis à la sagacité des milieux scientifiques… *Écrites à l'origine par le magicien Xanthu, dans la tombe duquel elles furent trouvées, les tablettes constituent une histoire partielle du continent (du Pacifique) perdu de Mu. Le culte des différentes divinités de Mu y est décrit en détail, incluant Therifuge, Karnala et Shaklatal. Certains autres passages font allusion à l'existence d'êtres imaginaires appelés les Vhujunka, serviteurs du panthéon des dieux de Mu.*[26]

On trouvera encore **Le Livre Jaune**, créé par Chambers, **Les Unaussprechlichen Kulten** inventés par Robert Howard et attribués à Von Juntz ou encore les **Stances de Dzyan**, inspirées par la *Doctrine Secrète* de la théosophe russe, Helena P. Blavatsky. Et puis citons enfin le **Culte**

---

26   Extrait de l'étude de Dan Clore in *L'Encyclopédie des Mondes Perdus* , op. cité.

Des Goules du Comte d'Erlette, clin d'œil de Lovecraft à son ami August Derleth[27]. Une foultitude d'ouvrages imaginaires donc, qui, comme nous l'avons indiqué, se mélangent parfois à d'authentiques traités occultes pour faire plus « sérieux ». Sont par exemple référencés le *Daemonolatria* de Remigius (Lyon, 1595), le *Saducismus Triumphatus* de Joseph Glanvil et le répugnant, mais bien réel *De Masticatione Mortuorum* de Philipus Rohr (Leipzig, 1679). L'occultiste français du XIXe siècle Eliphas Levi est également très présent dans certains écrits comme L'Affaire *Charles Dexter Ward* où Lovecraft reprend, dans leur intégralité, certaines de ses invocations. La bibliothèque dont a hérité Dexter Ward est du reste particulièrement significatif :

« Cette collection bizarre (*ie la bibliothèque de son ancêtre Joseph Curven)* comprenait presque tous les cabalistes, démonologistes et magiciens connus, et constituait un véritable trésor de science en matière d'alchimie et d'astrologie. On y trouvait Hermès Trismégiste dans l'édition de Ménard, la *Turba Philosophorum,* le *Liber investigationis* de Geber, la *Clé de la Sagesse* d'Artephius, le *Zohar,* l'*Albertus Magnus* de Peter Jamm, l'*Ars Magna et ultima* de Raymond Lulle dans les éditions de Zetzner, le *Thesaurus chemicus* de Roger Bacon, le *Clavis Alchimiae* de Fludd, le *De Lapide Philosophico* de Trithème. Les Juifs et les Arabes du Moyen Age étaient fort nombreux, et Mr Merritt blêmit lorsque, en prenant un beau volume étiqueté *Quanoon-e-Islam,* il s'aperçut que c'était en réalité le *Necronomicon* de l'Arabe dément Abdul Alhazred, livre interdit qui avait été l'objet de rumeurs monstrueuses, quelques années auparavant, après la découverte de rites innommables dans le petit village de pêcheurs de Kingsport, Massachussetts.

---

27   A noter que cet ouvrage a donné lieu à une magnifique « vraie fausse » édition chez Mnémos, 2012.

Mais, chose étrange, le digne Mr Merritt fut plus particulièrement bouleversé par un infime détail. Posé à plat sur l'énorme table d'acajou se trouvait un très vieil exemplaire de Borellus[28], annoté et souligné de la main de Curwen. Le livre était ouvert au milieu, et un paragraphe marqué de plusieurs traits de plume retint l'attention du visiteur. La lecture de ces quelques lignes lui causa un trouble indescriptible. Il devait se les rappeler jusqu'à la fin de ses jours, et les transcrivit mot pour mot dans son journal intime. Les voici :

Les Sels essentiels des Animaux se peuvent préparer et conserver de telle façon qu'un Homme ingénieux puisse posséder toute une Arche de Noé dans son Cabinet, et faire surgir, à son gré, la belle Forme d'un Animal à partir de ses cendres ; et par telle méthode, appliquée aux Sels essentiels de l'humaine Poussière, un Philosophe peut, sans nulle Nécromancie

---

28   Borellus vient du livre de Cotton Mather, *Magniala Christi Americana*, possédé par HPL. Il s'agit de l'alchimiste Pierre Borel (1620-1689).

criminelle, susciter la Forme d'un de ses Ancêtres défunts à partir de la Poussière en quoi son Corps a été incinéré. »

Une autre nouvelle de Lovecraft, *Horreur à Red Hook* (1935), fait une large utilisation de la magie noire et de ses rituels, mettant en scène une extraordinaire messe noire. L'excellente petite publication *The Occult Lovecraft* (Gerry de la Ree, 1975) reprend une lettre de Lovecraft dans laquelle il revient sur sa nouvelle. Il explique ne pas être un spécialiste de magie noire et indique avoir été chercher les éléments de ses invocations chez A.E. Waite, Eliphas Lévi et Sax Rohmer. Il liste les termes évoqués (Sabaoth, Tetragrammaton, Agyros, Adonai…) en essayant de leur donner une signification, tout en reconnaissant que certains d'entre eux lui échappent totalement.

Le Necronomicon (version Bragelone)

Tout comme Cthulhu occupe une place bien particulière dans

le Panthéon, le **Necronomicon** est sans conteste le point d'orgue de la bibliothèque lovecraftienne. *Al Azif* ou *le Necronomicon* apparaît pour la première fois dans « la Cité sans Nom ». Attribué au poète arabe Abdul Alhazred 038 qui vécut au Yémen vers l'an 700 de notre ère, il se présente comme la véritable bible du Mythe. L'auteur aurait rapporté des ruines de Babylone, des souterrains de Memphis et du grand désert d'Arabie d'odieux secrets concernant les Grands Anciens, et plus particulièrement Yog — Sothoth et Cthulhu. Il aurait consigné ces révélations dans un manuscrit, « relié en peau humaine », avant de disparaître mystérieusement, dévoré selon la légende par les créatures du dehors. Lovecraft, afin de donner plus de crédibilité à son invention, rédigea *l'Histoire du Necronomicon* (1927), un texte très érudit qui force le lecteur à adhérer.......... Reprenons ce qu'écrivait Christophe Thill sur le sujet : *ce qui frappe avant tout dans ce texte, c'est la multiplication des signes et des indices de vraisemblance : noms de personnages historiques, étymologies, dates et lieux de publication... Remarquons par exemple la mention d'Ibn Khallikan. Il s'agit d'un auteur bien réel, un écrivain syrien du XIIIe siècle (et non du XIIe), encore connu actuellement comme l'auteur du Dictionnaire biographique, premier ouvrage au monde de cette catégorie, fruit de 20 années de recherches, largement diffusé et traduit dans tout le monde islamique. À n'en pas douter, si Alhazred avait existé, il y aurait certainement figuré ! Et, si les tentatives de Lovecraft pour disséquer le mot grec Necronomicon ne sont pas très convaincantes, son explication du titre arabe original, Al Azif, est par contre correcte.*[29]

Le Necronomicon est devenu le cœur d'une véritable mystification

---

[29]   Extrait de « Moi y en a vouloir le Necronomicon », in *Le Bulletin de l'Université de Miskatonic* numéro 4 (une publication de l'ŒIL DU SPHINX). Cette étude a été reprise dans *H.P. Lovecraft, Le Maître de Providence*, op. cité.

littéraire. Lovecraft avait été pourtant clair sur le sujet : *en ce qui concerne le terrible Necronomicon et l'arabe fou Abdul Alhazred, je dois confesser que le livre maudit et l'auteur sont de ma propre invention*[30]. Tout en avouant un peu plus tard : *faire du Necronomicon quelque chose qui existe réellement, j'aimerais sincèrement avoir suffisamment de temps et d'imagination pour participer à une telle entreprise……… Mais son ampleur m'effraie, surtout quand on se souvient que cet épouvantable volume doit avoir près de mille pages !!!*[31] . Ce qui ne l'empêchera pas, dans sa nouvelle *Le Festival* (1923, d'offrir un bel extrait du livre à ses lecteurs : *Les cavernes les plus profondes ne peuvent pas être aperçues par les yeux qui voient, car elles recèlent d'étranges et terrifiantes merveilles. Maudite soit la terre où les pensées mortes revivent sous des formes étranges, et damné soit l'esprit que ne contient aucun cerveau. Ibn Schacabao a dit, très justement, qu'heureuse est la tombe où n'a reposé aucun sorcier, qu'heureuse est la ville dont les sorciers ont été réduits en cendres. Car il est notoire que l'âme de celui qui a été acheté par le diable ne sort pas de son charnier d'argile, mais nourrit et instruit* le ver qui ronge *jusqu'à que de la décomposition jaillisse la vie, et que les nécrophages de la terre croissent et deviennent assez puissants pour la tourmenter, et s'enflent monstrueusement pour la dévaster. De grands trous sont creusés en secret là où les pores de la terre devraient suffire, et les choses qui devraient ramper ont appris à marcher.*

Mais qu'importe ce qui reste une carence de l'auteur ; la demande de ceux qui veulent à tout prix croire fut, et demeure, si forte que d'autres ont pris le relai. Et les *Necronomicon (s)* d'affluer sur le marché. On citera le *Necronomicon de Simon* [32], pseudo-recueil de pratiques et de rituels

---

30   Lettre du 14/08/34 à W.F. Anger

31   Lettre du 03/06/36 citée dans *Lettres d'Innsmouth* chez Encrage.

32   Magickal Childe 1977 et Avon Books 1980. A noter une magnifique édition

magiques babyloniens et sumériens. On se perd en conjectures sur l'identité de son véritable auteur ; précisons simplement que ce livre est dédié au magicien anglais Aleister Crowley, et qu'il possède quelques relents de thélèmisme, la doctrine occulte développée par ce dernier. Nous sommes ici dans le domaine du faux-sérieux[33]. Dans un autre registre, nous trouvons les pastiches qui ressortent du domaine de « l'humour-passion ». Signalons *le Necronomicon* de Sprague de Camp, qui publia en 1973 chez Owlswick Press un Necronomicon totalement illisible puisque écrit en langue duriaque, un dialecte mythique. Son introduction[34] est un véritable modèle de la mystification nécronomiquesque (un voyage, de mystérieux contacts et la découverte du livre…). Plus connu est le *Necronomicon* dit de Colin Wilson, paru en 1978 et publié à plusieurs reprises en France par Belfond[35]. Répertorié également sous le nom de *Necronomicon de Georges Hay*, il se présente comme la reprise d'un livre du magicien élisabéthain John Dee. L'introduction et l'appareil critique sont également des monuments de mystification. Et puis nous ne serions pas complets sans évoquer, cette fois dans le registre artistique, le magnifique *Necronomicon* de Druillet, paru en 1978 dans « Métal Hurlant » et le somptueux album de H.R. Giger, édité la même année. Le *Necronomicon* aura du reste fait couler tellement d'encre que Daniel Harms lui a consacré une véritable encyclopédie, reprenant

---

de luxe chez Bragelone en 2012.

33   Comme tout ouvrage « sacré », le Necronomicon de Simon a suscité ses propres exégèses. Citons notamment le *Necronomicon Wordbook, Guide to the Necronomicon*, publié en 1996 par Daren Fox chez « The International Guild of Advanced Sciences ».

34   Publiée dans *Dragon & Microchips* no 15, une publication de l'association L'ŒIL DU SPHINX.

35   On le trouve également dans la collection « l'Aventure Mystérieuse » chez J'ai Lu.

son histoire et ses avatars de l'an 700 de notre ère à nos jours….[36]. Quant à Donald Tyson, il a consacré à Abdul Alhazred, auteur du grimoire, une monumentale et luxueuse biographie chez Llewellyn Publications en 2006 (*Alhazred, Author of the Necronomicon*).

Une planche du Necronomicon de Druillet

Il peut être intéressant, toujours en ce qui concerne le *Necronomicon*, de signaler que Lovecraft voit en John Dee le traducteur (en anglais) de certains passages du livre maudit. Faisons un petit aparté :

L'Ange à la Fenêtre de l'Occident (Gustav Meyrink, 1927 ; édition française chez Retz, 1975, avec des illustrations d'Isabelle Drouin) est un livre important.

D'abord parce qu'il s'agit d'un véritable roman occulte, écrit par

36   *The Necronomicon Files*, Night Shade Books, 1998.

un auteur qui maîtrise parfaitement le symbolisme, les correspondances et les techniques initiatiques. On baigne dans l'alchimie, la réincarnation, le paganisme avec un petit parfum de Hieros Gamos. Le fil rouge est bien sûr celui de la recherche de la transcendance et de l'immortalité.

Ensuite parce que l'action se déroule sur deux plans temporels (le XVIe siècle et le début du XXe), mais pas à la façon des thrillers ésotériques auxquels nous sommes habitués, à savoir un empilage de tranches de saucisson zébrées de « flash back » [37]. Les deux trames chez Meyrink se chevauchent et finissent par se mélanger de façon convaincante, donnant au récit un ton fluide au service d'une action continue.

Enfin, et peut-être surtout, parce qu'il s'agit de la première biographie romancée de John Dee dont les principaux éléments seront par la suite largement recyclés dans toutes les études romantiques qui fleuriront sur le personnage. *L'Ange à la Fenêtre de l'Occident* est en quelque sorte le vecteur qui introduit John Dee dans les littératures de l'Imaginaire.

Synchronicité ? Cette même année 1927, Lovecraft écrit sa fameuse *Histoire du Necronomicon* et dans laquelle on apprend qu'une traduction anglaise, faite par le Dr. Dee, ne fut jamais imprimée et n'existe qu'à l'état de fragments récupérés à partir du manuscrit original. Et de préciser en 1928, dans *L'Abomination de Dunwich*, que le personnage principal de la nouvelle ne possède que les fragments traduits par John Dee. Il recherche alors le reste dans diverses bibliothèques : la Bibliothèque nationale de France, le British Museum, la Bibliothèque Widener d'Harvard, la bibliothèque de l'Université de Buenos Aires et de celle de la Miskatonic University d'Arkham. Il découvre que l'ouvrage contient aussi une histoire des Grands Anciens et annonce leur retour. La nouvelle est la première mention d'une

---

37   Cf in *Le Polar Esotérique* (Lauric Guillaud et Philippe Marlin, EODS, 2016) l'étude sur la structure des romans de Giacometti et Ravenne.

traduction par John Dee, un occultiste britannique ayant réellement existé et travaillé pour Elisabeth Ier puis l'empereur Rodolphe II[8].

En fait, c'est S.T. Joshi qui, dans son *Encyclopédie*, nous explicitera le lien Dee-Lovecraft. La traduction du *Necronomicon* par le mage élisabéthain est une « invention » de F.B. Long pour sa nouvelle *Les Mangeuses d'espace* (cf 1928). Lovecraft avait lu le texte en préparation et « emprunté » l'idée. On notera que la mention de cette traduction figurait comme épigraphe au texte de Long, épigraphe qui n'a pas été reprise dans la version publiée par Weird Tales en juillet 1928.

Toujours cette même année 1927, Lovecraft évoque rapidement John Dee dans *Épouvante et Surnaturel en Littérature*. Il le classe dans la catégorie des mages et des alchimistes de la Renaissance. Il cite également Meyrink dans cette étude, mais uniquement pour son roman *Le Golem*.

Un Mythe qui possède ses Rites et ses Cultes

De par sa Métaphysique, son Panthéon, ses Livres Sacrés, le Mythe de Lovecraft est d'une telle richesse qu'il engendre ses propres instruments de célébration. Est paru en 1946 un étonnant petit livre, *A Guide to The Cthulhu Cult* sous la signature de Fred L. Pelton [38]. Étonnant parce que réalisant un véritable tour de force. Lovecraft est complètement évacué et le Mythe est étudié comme une chose réelle, avec ses divinités, ses langues, ses manuscrits, sa philosophie, ses rituels, etc…. Le lecteur peu informé tombera aisément dans le panneau !!!!

Mais le cœur du Culte est enfoui au plus profond des nouvelles de l'auteur. La célébration du culte est tellement codifiée, voire stéréotypée,

---

38   Réédité en 1998 par Armitage House.

qu'elle sera reprise par maints disciples. Le schéma est en grandes lignes le suivant : un endroit isolé, si possible au bord de la mer ; des sectateurs en demi-cercle ouvert sur l'océan ; au centre le Grand-Prêtre et la victime consacrée ; une musique lancinante, à base de fifres et de tambourins ; des invocations prononcées dans une langue non humaine, aux sonorités gutturales ; et en apothéose l'apparition du monstre marin, tentaculaire, nauséabond, terrifiant, venant déguster son sacrifice.

Ce culte peut être organisé en une véritable secte comme **L'Ordre Esoterique de Dagon** cité dans *Le Cauchemar d'Innsmouth* (1931). Philip A. Shreffer écrit dans *L'Univers de Lovecraft* [39] : *L'Ordre avait « modifié le rituel des églises locales » pour les supplanter et, apparemment incapable de se réunir en ces lieux consacrés, avait opté pour une solution voisine : la salle maçonnique.* La symbolique de la société secrète est clairement posée.

Les disciples sont en général des dégénérés, des métis, le produit d'accouplements monstrueux. On flirte ici, comme nous l'avons vu, avec une certaine forme de racisme qui sera régulièrement reprochée à l'auteur [40]. Quant aux initiés, ce sont des alchimistes, des sorciers, et très souvent des érudits qui ont commercé avec le *Necronomicon* et sont parvenus à un degré d'initiation qui les fera basculer (Joseph Curven, Ephraïm Waite…. etc.) Le schéma de l'auto-initiation est lui aussi terriblement arrêté : une vieille demeure reçue en héritage d'un lointain ancêtre, une bibliothèque poussiéreuse avec plusieurs livres maudits, une étude approfondie des textes sulfureux, de premières expériences, des rêves obsédants, une lente dégénérescence qui peut déboucher sur la folie ou la mort. Charles Dexter Ward est le prototype de ces « étudiants maudits ».

---

39   Publié chez Encrage, 1994.
40   Cf sur ce sujet l'excellente étude de Franck Périgny, « Lovecraft Raciste, et alors ? » publiée dans *Dragon & Microchips* no 12.

Un Mythe Ésotérique ?

Arrivés à ce stade de l'étude, il nous faut nous poser la question des rapports entre Lovecraft et l'ésotérisme. Un sujet passionnant par la fantastique contradiction qu'il soulève.

D'un côté un auteur qui se revendique d'un pur « matérialisme mécanique », prêt à pourfendre les aberrations des croyances irrationnelles, de la superstition et de la magie en préparant, sur la suggestion du prestidigitateur Harry Houdini, *Le Cancer de la Superstition*. Maurice Lévy[41] note à ce sujet : *ce livre ne fut jamais composé. Mais il en reste un plan assez détaillé, dressé par Lovecraft avec son habituelle précision. Ce projet incluait une étude sur la genèse du phénomène de la croyance superstitieuse, une dénonciation de l'animisme des sociétés primitives et un rappel érudit, fort intéressant pour notre propos, sur la manière dont les hommes fabriquent, au cours des siècles, mythes et cosmogonies.* Il nous reste en revanche un remarquable petit livre, *Science versus Charlatany* [42]reprenant une célèbre polémique qui se déroula dans les colonnes de l'« Evening News » entre Lovecraft, le passionné d'astronomie, et l'astrologue J.F. Hartmann.

D'un autre côté un écrivain complètement plongé dans les univers de l'occultisme, au point d'y apporter sa propre contribution comme nous venons de le voir. Et une contribution tellement puissante qu'elle sera récupérée par maints groupes initiatiques contemporains. C'est ainsi que L'Église de Satan de Lavey inclut, dans *The Satanic Rituals* [43 047], un

41   Lovecraft, op. cité.
42   Edité par S.T. Joshi et Scott Connors chez Strange Company (1979). Il a été traduit par Jacky Ferjault et publié dans le numéro 11 de *Murmures d'Irem*, une publication de l'association L'Œil Du Sphinx.
43   Avon Books.

chapitre entier sur la métaphysique de Lovecraft, avec des rituels intitulés « The Ceremony of the Nine Angels » et « The Call of Cthulhu ». C'est ainsi également que L'Ordre Esoterique de Dagon est devenu une bien réelle société initiatique anglo-saxonne, publiant un bulletin dénommé « Cthulhu Rising »[44]. Pour ne citer que deux exemples…………..

Alors ?

Écartons tout de suite les thèses qui, comme celles de Bergier, font de Lovecraft un grand initié. Elles ne résistent guère à l'analyse critique de la démarche de l'auteur, à la lecture notamment de sa volumineuse correspondance.

Beaucoup plus prosaïque est celle de Shreffler[45]. En effet, s'il ne répond pas véritablement au pourquoi, son analyse du comment est intéressante. Lovecraft était un écrivain pointilleux, très soucieux de s'appuyer sur une documentation précise pour étayer ses créations. Et de proposer toute une étude sur les sources occultes de l'auteur, recensant ce que Lovecraft avait dû parcourir en diverses bibliothèques.

Une autre thèse pertinente est celle de Denis Labbé, dans son article « Lovecraft, le créateur rattrapé par ses créatures »[46]. Là encore, on ne traite pas vraiment du pourquoi, mais plutôt du thème « à force de donner le bâton pour se faire battre : » : *ainsi, en cette fin de millénaire, le créateur Lovecraft est donc devenu l'une de ses créatures, prophète malgré lui, et en dépit de tout bon sens littéraire, de sectes ésotériques et occultes bien décidées à se servir de ses visions oniriques dans leurs cultes. On peut toujours s'en*

---

44   Traduit par Christophe Thill et Aline Lirot et publié en France par *Murmures d'Irem* (numéros 9 et 11). Op. cité.

45   In *L'Univers de Lovecraft*, op. cité.

46   In *Murmures d'Irem* no 11.

étonner, mais il est certain qu'à force d'offrir des transgressions toujours plus extrêmes de la religion, de la société et de la réalité, Lovecraft s'est lui-même placé en marge de la religion, de la société et de la réalité, devenant ainsi une proie idéale pour les gourous des cultes ésotériques qui ont vu en lui un nouveau messie à suivre. Et même si l'homme Lovecraft disparaît derrière ses créatures et ses sombres livres, cela n'est pas plus mal, car cela montre avec certitude que l'univers lovecraftien a gagné son autonomie et peut donc se défendre tout seul.

Fasciné à force de pratiquer ?

Un sujet comme on le voit qui est loin d'être épuisé et qui a été relancé récemment par John Steadman.

John L. Steadman, H.P. Lovecraft ad the Magical Tradition (Weiser books, 2015). Que voilà un livre passionnant. S. T. Joshi saluera cette contribution étayée sur un sujet important, fréquemment négligé par des chercheurs laissant trop souvent place aux exégèses romantiques. L'auteur est universitaire, mais a aussi pratiqué la magie occidentale dont il connaît parfaitement les grandes écoles. La démarche qu'il nous propose est de tenter d'éclairer la fabuleuse contradiction de l'Ermite de Providence. Il s'interrogera également, et c'est là l'intérêt majeur de cette étude, sur l'incroyable descendance ésotérique du Prince Noir.

Pour nous mettre en bouche, l'auteur commence par nous expliquer ce qu'est la technique magique occidentale, tout en insistant sur le fait qu'il n'y a pas de magie blanche ou noire, mais que c'est l'intention visée par l'opérateur qui lui donnera sa couleur. Le but recherché, selon l'auteur, est toujours le même : puissance et pouvoir. La magie consiste à utiliser langage, gestes, symboles et objets pour établir le contact avec des entités qui ne sont pas des divinités, mais des « créatures » non-humaines (élémentaux, égrégores), et de les placer sous les ordres de l'invocateur pour parvenir à ses propres fins. On peut remonter la tradition de la magie occidentale aux rites babyloniens ou dyonisiens. Suit une liste très détaillée des « outils » nécessaires à l'opérateur, liste particulièrement bien faite puisqu'il s'agit pratiquement d'un mode d'emploi ! À noter que la technique magique n'est que l'une des trois voies de mise en relation avec ces élémentaux, les deux autres étant la prise de possession, par laquelle l'invocateur devient souvent victime, et le contact onirique.

Lovecraft était profondément matérialiste, ce qui ne l'a pas empêché de partager les avancées de la physique quantique telle qu'on commençait à la découvrir à son époque : tout est énergie, le monde est multidimensionnel, les particules s'affranchissent des notions d'espace et de temps. Mais il n'y a aucune contradiction pour lui, tout cela n'impliquant aucunement l'existence d'une surnature. Alors, pourquoi a-t-il inspiré tout un courant de l'ésotérisme ?

La première réponse se trouve dans les écrits même du Maître : cf Lettres à C.A. Smith du 17 octobre 1930 et à F.B. Long du 27 février 1931, in *Selected Letters).* Ces deux documents, exhumés par John L. Steadman, sont d'une grande importance. Lovecraft y explique que les humains n'ont qu'une connaissance limitée de la réalité et que ses visions cosmiques proviennent d'Ailleurs, plus précisément d'un « réservoir subconscient de visions ». Il est du reste très explicite sur le sujet dans de nombreuses nouvelles. Ainsi dans *Par-delà le mur du sommeil* (1919) : *Je me suis souvent demandé si la majeure partie des hommes ne prend jamais le temps de réfléchir à la signification formidable de certains rêves, et du monde obscur auquel ils appartiennent. Sans doute nos visions nocturnes ne sont-elles, pour la plupart, qu'un faible et imaginaire reflet de ce qui nous est arrivé à l'état de veille (n'en déplaise à Freud avec son symbolisme puéril) ; néanmoins, il en est d'autres dont le caractère irréel ne permet aucune interprétation banale, dont l'effet impressionnant et un peu inquiétant suggère la possibilité de brefs aperçus d'une sphère d'existence mentale tout aussi importante que la vie physique, et pourtant séparée d'elle par une barrière presque infranchissable.*

Il existerait donc dans l'Univers des entités (entities or life-forms) capables de donner un véritable supplément à nos sens limités. Les Grands Anciens n'existent certes pas en l'état, et on s'est beaucoup mépris sur leur caractère divin. Mais ces formes sont plutôt de nature extra-humaine et ont inspiré la préhistoire de l'humanité. Encore une fois, il n'y a rien de « surnaturel » ici. Cela dit, il n'est pas surprenant que certains hommes cherchent à suivre le même chemin que lui pour découvrir les merveilles d'autres architectures, paysages, géométries, etc… Les expériences les plus gratifiantes sont celles visant à « recapturer » des fragments de souvenirs flottant dans le subconscient. Mais s'agit-il vraiment de souvenirs ? Le rêve s'appuie sur la réalité et l'expérience du rêveur, qui subissent maintes transformations, marque de fabrique de l'onirisme. Mais quid des visions de cités fantastiques, de murailles cyclopéennes, de sculptures improbables, de gravures étonnantes et d'écritures inconnues ? Voilà matière à un large débat[47] qui pourrait rejoindre les intuitions développées par Lovecraft dans *À travers les Portes de la Clef d'Argent* (1932-33) sur l'Archétype Universel (cf note annexe).

47   Un débat ouvert par le chercheur américain Jason Colavito.

La seconde raison de cet impact de Lovecraft est dans la question même : il est un fait que divers groupes ésotériques se sont emparés de « l'ésotérisme » du Maître. Tel est le cas de Kenneth Grant qui dans ses *Typhonian Trilogies* fait le lien entre Lovecraft, les divinités dionysiennes et la magie sumérienne que l'on retrouve dans l'œuvre de Crowley dont il était le disciple. Même s'il est avéré que Lovecraft ne connaissait pas les travaux de ce dernier, Grant tire d'étranges résonnances entre le *Al Azif* et le *Alvel Legis* thélémite. Tel est également le cas de Daniel Tyson qui, dans son *Grimoire of the Necronomicon,* voit dans les Grands Anciens des archétypes que l'on retrouve dans tous les mythes religieux. Intéressante est l'utilisation faite par Tyson des concepts de la physique moderne pour expliquer la magie lovecraftienne dont on a ici un bon résumé : *Les Anciens ont été, les Anciens sont, et les Anciens seront.* ***Non dans les espaces que nous connaissons, mais entre eux.*** (*Necronomicon,* page 757 in *L'Abomination de Dunwich*).

Lovecraft était loin d'être un spécialiste en sciences occultes. Mais il n'était pas non plus totalement ignare sur le sujet. Steadman montre que Lovecraft s'est intéressé à la magie noire à partir de 1910, principalement par le biais de l'étude des procès en sorcellerie de Salem. Il a notamment consulté l'ouvrage de Cotton Mather (1663-1728), *Magnalia Christ,* dont une première édition figurait dans la bibliothèque familiale. La thèse de ce religieux, controversée, développait l'idée que la sorcellerie n'était pas un phénomène ponctuel ayant frappé la Nouvelle-Angleterre, mais un véritable cancer minant la société américaine depuis sa fondation (cf *Le Festival* par exemple). La lecture du *Culte des Sorcières en Europe Occidentale* (1921) de Margaret Murray confortera Lovecraft dans cette idée et il écrira à son ami C.A. Smith que ce dernier ouvrage est une fabuleuse mine d'inspiration (cf *L'Abomination de Dunwih* et *Le Cauchemar d'Innsmouth* par exemple). Une lecture similaire, celle des travaux de Montague Summers (1880-1948), complétera son « dossier ». Il mentionnera notamment dans une lettre à August Derleth de 1933 *The Geography of the Witchcraft* (1927) de l'érudit anglais.

Dans une lettre à Willis Conover (1936), il citera également les travaux de deux autres occultistes dont il s'est inspiré, Arthur Edward Waite et Eliphas Levi. Waite (1857-1942) était membre de la Golden Dawn et de la Stella Matutina. Lovecraft se réfère plus particulièrement à *The book of Black Magic and of Pacts* (1898) (cf notamment son influence sur *Horreur à Red Hook* et dans *L'Affaire Charles Dexter Ward*). Eliphas Levi (1810-1875) était l'un des plus célèbres magiciens du XIXe siècle. On lui doit notamment son *Dogme et Rituel de la Haute Magie* (1885). Plusieurs des invocations de *L'Affaire Charles Dexter Ward* lui sont empruntées. Steadman fait remarquer avec malice que Lovecraft ne comprenait pas toujours le sens de ses « emprunts » et que plusieurs des formules utilisées sont hors sujet !

Les deux « magiciens noirs » les plus aboutis de sa fiction sont Wilbur Whateley et Joseph Curwen. Mais en dehors de la technique rituellique classique, Lovecraft utilise fréquemment les deux autres canaux d'accès. La perte de contrôle du sujet par la possession est frappante chez Charles Dexter Ward, Edward Pickman Derby ou encore Nathaniel Wingate Pealse. Quant à la technique de l'exploration onirique, elle est fondamentale pour l'étudiant Walter Gilman.

Les rituels évoqués par Lovecraft ont pour but bien évidemment de rentrer en contact avec les Grands Anciens. Ces rituels ne sont cependant jamais décrits. Il s'appuie essentiellement sur des ouvrages maudits, parfois réels (*The story of Atlantis and the Lost Lemuria*, Scott-Elliot, 1896 ; le

Sadducilus Triumphatus de Joseph Glandvil, 1681 ; the *Daemonolatreiae* de Nicolas Rémy, 1595 ou encore *Les Stances de Dyzan* évoquées dans *La Docrine Secrète*, 1888). Mais l'essentiel des ouvrages utilisés sont des créations fictives dont le point d'orgue restera le *Necronomicon* pour lequel, comme nous l'avons vu, il ira jusqu'à rédiger en 1927 une notice bibliographique. Un ouvrage qui paraît tellement vrai que beaucoup voudront lui donner de la consistance, pour l'essentiel sous forme de mystification (cf supra).

Mais c'est au *Necronomicon dit de Simon* que Steadman accorde la place de choix, défendant la thèse qu'il ne s'agit pas là d'une plaisante mystification littéraire. Cet ouvrage, publié pour la première fois en 1977 chez Schlangekraft and Barnes, est le fruit d'un personnage mystérieux dont l'identité réelle suscitera bien des débats. Il s'agit d'un traité de magie sumérienne inspiré selon Simon par « the Mad Arab » et que John Steadman va décortiquer au scalpel pour arriver à la conclusion « que ça marche ». Ce qui bien sûr va laisser le lecteur sur sa faim et ternir quelque peu l'image de sérieux jusqu'ici laissée par le travail de l'universitaire. Qu'est-ce qui « marche » en effet ? On aurait aimé que l'étude soit illustrée par quelques comptes rendus de séances d'invocations, un peu dans le même esprit que les journaux « d'entretiens angéliques » de John Dee.

L'ouvrage de Steadman se poursuit par une étude des différents Grands Anciens puis par une recherche de l'influence de Lovecraft dans les cultes vaudou, néo-païens, crowleyiens, sataniques et dans la magie dite du Chaos.

J'ai fermé ce livre avec beaucoup de questions en tête Car, comme il le faisait dire à son personnage dans *Par-delà le Mur du Sommeil :*

Je suis une entité comme celle que vous devenez vous-même dans la liberté du sommeil sans rêve. Je suis votre frère de lumière, et j'ai flotté avec vous dans les vallées flamboyantes. Il ne m'est pas permis de dire ce qu'est le moi éveillé terrestre de votre être véritable, mais tous nous sommes les vagabonds de vastes espaces et les voyageurs de multiples âges. Dans un an je serai peut-être un habitant de la sombre Égypte que vous dites ancienne, ou dans le cruel empire Tsan-Chan qui surviendra dans trois mille ans d'ici. Vous et moi avons dérivé dans les mondes roulant autour de la rouge Arcturus, et vécu dans les corps des insectes-philosophes qui rampent fièrement sur la quatrième lune de Jupiter. Combien l'être terrestre en sait peu de la vie et de ses étendues ! Combien mieux vaut pour sa tranquillité qu'il en sache si peu !

Un Mythe Géographique

Métaphysique, divinités, cultes, ésotérisme, livres maudits, on pourrait facilement penser que le Maître de Providence était une créature éthérée, vivant dans d'autres mondes. Mais il n'en est rien, et c'est ce qui lui donne toute son actualité. Lovecraft, pour avoir été un rêveur impénitent, était aussi un « pays », les pieds bien ancrés dans la terre de Nouvelle-Angleterre et fermement posés sur les pavés des rues de sa bonne ville de Providence. J'ai fait, comme tout bon « lovecraftoloque » qui se respecte, le périple sur les terres de l'écrivain[48]. Un voyage qu'il convient du reste de bien préparer,[49] car, et qui s'en plaindrait, le tourisme lovecraftien n'est pas organisé. Il faut chercher et marcher ! Et c'est avec *L'Affaire Charles Dexter Ward* qu'il faut arpenter les rues de Providence et de partager le regard

---

48   Notre reportage est ici : http://www.oeildusphinx.com/P_Providence.html
49   J'ai utilisé pour ma part :

du rêveur : *Entre South Main Street et South Water Street, il parcourait les bassins où venaient encore mouiller quelques vapeurs ; puis, repartant vers le Nord, il gagnait la large place du Grand-Pont où la Maison des Marchands, bâtie en 1773, se dresse toujours solidement sur ses arches vénérables. Là, il s'arrêtait pour contempler la prodigieuse beauté de la vieille ville aux multiples clochers, étalée sur la colline, couronnée par le dôme neuf du temple de la Christian Science, comme Londres est couronné par le dôme de Saint-Paul. Il aimait surtout arriver à ce lieu en fin d'après-midi, quand le soleil déclinant dore de ses rayons la Maison des Marchands et les toits amoncelés sur la colline, prêtant un charme magique aux quais où les navires des Indes jetaient l'ancre jadis.*

Mais ce qui est vraiment frappant, c'est que l'écrivain a tellement aimé sa ville et sa région qu'il les a véritablement sublimées pour en faire des pièces maîtresses de son Mythe littéraire. C'est ce qui a amené l'érudit Michel Meurger à qualifier la philosophie de Lovecraft de « régionalisme cosmique ». Providence et/ou Salem devient ainsi Arkham et son université (Brown University) se transforme en la Miskatonic University de légende. Une cité fascinante dont Lovecraft a dessiné les plans

qui possède aussi son asile, sa maison de la sorcière aux angles impossibles

---

° *I am Providence*, de Jean-Christophe Requette aux Editions Phénix, 1993. Cet ouvrage sera notre référence permanente dans la ville mythique.

° *Off the Ancient Track, a Lovecraftien guide to New-England and Adjacent New-York* par Jason C. Eckhardt chez Necronomicon Press.

° *L'Univers de Lovecraft (Cahier d'Etudes Lovecraftiennes, tome IV)* par Philipp A. Shreffer aux Editions Encrage (op cité)

° Et bien sûr un bon guide de base sur la région de Boston.

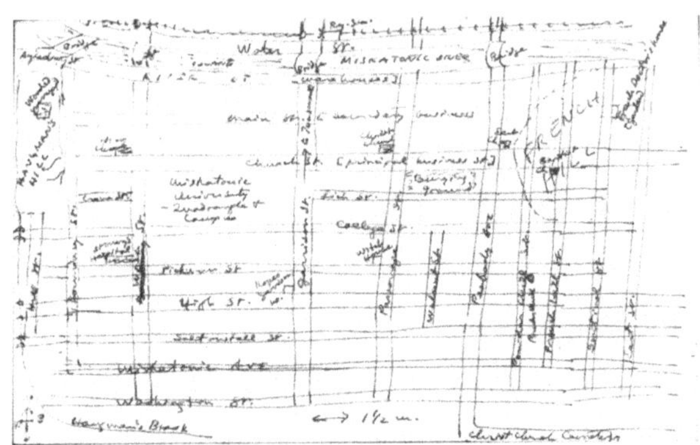

et son ilot inquiétant : *il se dirigea donc résolument dans le sens contraire et remonta péniblement Garrison Street vers le nord. Lorsqu'il atteignit le pont sur le Miskatonic, il fut pris d'une sueur froide, et se cramponna à la rampe de fer pour regarder en amont l'île malfamée dont les antiques alignements de pierres levées ruminaient leur morosité sous le soleil de l'après — midi (In La Maison de la Sorcière, 1932).* La région d'Arkham est semi-désertique, formée de collines et de forêts avec quelques maisons clairsemées à Dunwich où rôde une abomination sans nom (*L'Abomination de Dunwich*, 1928). Quant aux petits ports du Massachusetts, ils donnent naissance à Kingsport (*L'Étrange Maison Haute dans la Brume*, 1926 ; *Le Festival*, 1923*)* ou à l'inquiétante cité d'Innsmouth : *Innsmouth ? Ma foi, c'est une drôle de ville à l'embouchure du Manuxet. C'était presque une cité — en tout cas un grand port avant la guerre de 1812 —, mais tout s'est détraqué dans les cent dernières années à peu près. Plus de chemin de fer — le B. & M.[50] n'y passe jamais, et la ligne secondaire qui venait de Rowley a été abandonnée il y a des années. Il reste plus de maisons vides que de gens, je crois, et pour ainsi dire il n'y a plus de commerces sauf la pêche et les parcs à homards.*

---

50   B & M. : la ligne Boston et Maine.

Toutes les affaires se font surtout ici ou à Arkham ou Ipswich. Autrefois, ils avaient quelques fabriques, mais il ne reste rien aujourd'hui qu'un atelier d'affinage d'or qui fonctionne à très petit rendement. In *Le Cauchemar d'Innsmouth,* 1931.

Villes réelles ou sublimées, certes ; mais le souffle créateur de Lovecraft prend toute son ampleur avec ses somptueuses Cités Imaginaires dont le plus bel exemple restera Kadath l'Inconnue 064. L'auteur pousse ici la porte réservée aux grands créateurs d'univers de l'heroic fantasy (Tolkien, Leiber, Morcock). *Par trois fois Randolph Carter rêva de la cité merveilleuse. Par trois fois il en fut arraché au moment où il s'arrêtait sur la haute terrasse qui la dominait. Dorée, magnifique, elle flamboyait dans le couchant, avec ses murs, ses temples, ses colonnades et ses ponts voûtés tout en marbre veiné ; avec, aussi, ses fontaines aux vasques d'argent disposées sur de vastes places et dans des jardins baignés de parfums, et ses larges avenues bordées d'arbres délicats, d'urnes emplies de fleurs et de luisantes rangées de statues en ivoire. Sur les pentes escarpées du septentrion s'étageaient des toits rouges et d'antiques pignons entre lesquels serpentaient des ruelles au pavé piqueté d'herbe. Fièvre des dieux, fanfare de trompettes célestes, fracas de cymbales immortelles, la cité baignait dans le mystère comme une fabuleuse montagne inviolée dans les nuages. Carter, le souffle court, debout contre la balustrade, sentait monter en lui l'émotion et le suspens d'un souvenir presque disparu. La douleur des choses perdues et l'irrépressible besoin de reconnaître un lieu autrefois puissant et redoutable.* In *La Quête Onirique de Kadath* (1926)

Le Mythe des Sciences et des Arts

C'est tout un pan de l'œuvre de Lovecraft qu'il conviendrait d'étudier en détail. Contentons-nous de picorer quelques éléments au fil de nos lectures. Précisons ici que nous nous sommes basés sur les seules **fictions** de l'auteur. Beaucoup plus complète serait une analyse intégrant les conceptions qu'il détaille dans sa correspondance. C'est à ce travail que vient de s'attaquer Jacky Ferjault (notamment pour la partie artistique).

° La Science

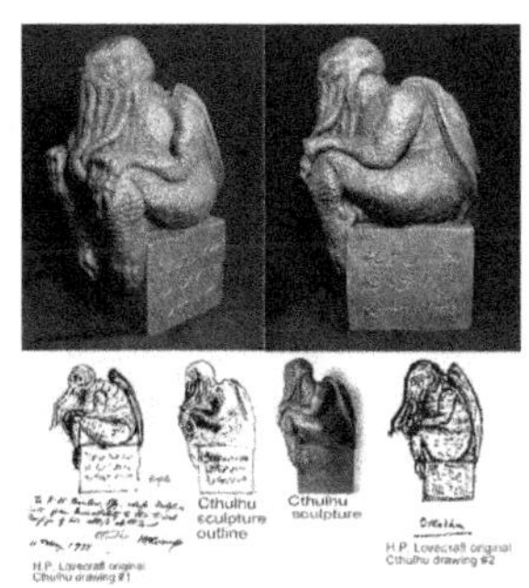

Les publications d'astronome amateur

Comme nous l'avons vu, le jeune Lovecraft fera ses premières armes scientifiques avec l'astronomie et la chimie, disciplines avec lesquelles il commencera son aventure éditoriale. Il publie *The Rhode Island Journal of Astronomy* en 1903, contribue de 1906 à 1908 sur ces matières dans le *Pawtuket Valley Gleaner,* puis de 1914 à 1918 dans l'*Evening News*. Il écrit en 1919 *A brief course in Inorganic Chemistry.*

Mais les « inventions scientifiques » de Lovecraft sont nombreuses. Un blog internet, *Lovecraftian Science,* étudie du reste les intuitions de l'auteur au regard de la science moderne. Et y n'y a pas que du barjo !

On trouvera le capteur psychique pour prendre connaissance des visions du patient (*Par-delà le mur du sommeil,* 1919), la technique pour élargir ses capacités sensorielles (*De l'Au-Delà,* 1920), la « potion » pour ressusciter les cadavres « relativement frais » (*Herbert West, réanimateur,* 1921), l'appareil de réfrigération pour maintenir les morts "en vie" (*Cool Air, 1926),* le traitement de la fièvre noire ou fièvre récurrente (*Le Dernier*

Examen, 1927 et *La Mort Ailée,* 1932), la refonte de la technique de la chaise électrique (*L'Exécuteur des Hautes Œuvres,* 1929), la technologie pour conserver "en vie" les cerveaux issus du corps (*Celui qui chuchotait dans les ténèbres,* 1930), ou encore la découverte de la fibrodysplasie ou maladie de la pierre (*L'Homme de Pierre,* 1932), etc…. Dans *Le Défi d'Outre-Espace* et *Dans l'Abîme du temps* (1935) Lovecraft ira jusqu'à imaginer » l'échange d'esprit entre un humain et un représentant de la Grande Race, l'un prenant le corps de l'autre et vice-versa.

Arrêtons-nous sur un texte majeur : *La Maison de la Sorcière* (1932, 1933 in *Weird Tales*). Bien que décriée par les proches de Lovecraft, cette longue nouvelle est tout à fait remarquable dans la mesure où elle nous plonge dans d'étonnantes visions cosmiques, au sein d'un hyper-espace cohérent qui s'inscrit parfaitement dans les canons de la physique moderne. L'auteur n'hésite pas du reste à évoquer les travaux des fondateurs de cette dernière que furent Planck et Heisenberg. Il est vrai que le héros du récit, Walter Gilman, est un étudiant en mathématiques non-euclidiennes et en **physique quantique**, tout en s'intéressant au folklore. Une démarche qui le conduit, dans le cadre de l'université d'Arkham, à chercher à associer les mathématiques de l'impossible aux fantastiques arcanes de la magie. *Le Pr Upham goûta particulièrement sa démonstration de la parenté des mathématiques supérieures avec certains moments du savoir magique transmis à travers les âges depuis une indicible antiquité humaine ou préhumaine où la connaissance du cosmos et de ses lois était plus vaste que la nôtre.*

Tout cela pour dire qu'il est un familier des « Livres Maudits » conservés à la Bibliothèque de ladite université. Peu fortuné, il vit dans un appartement quasi délabré, dont les murs présentent des angles anormaux, et qui de surcroît a été la demeure de la sorcière Keziah Mason. Une sorcière qui a défrayé la chronique en s'évadant en 1692 de la prison de Salem où elle était détenue.

Le jeune étudiant est la proie de rêves étranges et fantastiques : *Les rêves de Gilman étaient en général des plongées à travers des abîmes infinis de crépuscule indiciblement coloré et de sons au déconcertant désordre ; des abîmes dont les propriétés physiques et gravitationnelles, comme les relations avec sa propre essence, échappaient à toute tentative d'explication. Il ne marchait ni ne grimpait, ne volait ni ne nageait, sans non plus ramper ni se tortiller ; mais il faisait toujours l'expérience d'un mode de déplacement mi — volontaire et mi — involontaire.*

Ces rêves se font de plus en plus inquiétants : *Le hurlant abîme crépusculaire étincela devant lui, il se sentit impuissant dans l'étreinte informe du conglomérat de bulles irisées. En avant, le petit polyèdre kaléidoscopique filait à vive allure, et dans le vide bouillonnant, un développement et une accélération du vague système tonal semblèrent annoncer un paroxysme indescriptible et insoutenable. Il pressentait ce qui allait arriver – l'explosion monstrueuse des chants walpurgiens, qui concentraient dans leur sonorité cosmique toute l'effervescence primitive, fondamentale, de l'espace-temps qui couve derrière les sphères de matière amoncelées, et jaillit toutefois en réverbérations rythmiques qui pénètrent atténuées tous les niveaux d'être et confèrent partout dans les mondes une terrible signification à certaines époques redoutées. Mais tout cela disparut en un instant.*

Ils se transforment en véritables cauchemars au fur et à mesure qu'approche la nuit de Walpurgis, de sinistre réputation à Arkham où il réside. La sorcière, accompagnée de son familier, Brown Jenkin, un énorme rat au faciès humain, hantent ses nuits. Il sombre dans une dépression paralysante, séchant de plus en plus ses cours à l'Université. Mais lors de ses rares apparitions, il séduit ses professeurs, par l'audace de ses intuitions : *Un après-midi, il y eut une discussion sur l'existence possible de courbures insolites de l'espace, et de points théoriques d'approche ou même de contact entre notre partie du cosmos et diverses autres régions aussi éloignées que les étoiles les plus lointaines ou les abîmes transgalactiques eux — mêmes — ou même aussi fabuleusement distantes que les unités cosmiques expérimentalement concevables au-delà du continuum espace-temps einsteinien. Gilman traita ce thème avec une aisance qui remplit d'admiration toute l'assistance, même si certaines de ses hypothèses proposées à titre d'exemple ne firent qu'encourager les perpétuels bavardages sur la bizarrerie de sa nervosité et de sa solitude.*

Gilman se réfugie chez un jeune étudiant, l'un de ces voisins dans la maison maudite. Mais rien n'y fait, et il se réveille le matin le corps couvert de griffes et les pieds boueux. Un enfant disparaît à Arkham, qu'il retrouve dans ses rêves alors que la sorcière brandit un couteau. On retrouvera Gilman mort dans son lit, éventré et le cœur dévoré par une sorte de rongeur.

° Peintres et sculpteurs.

Lovecraft affectionne particulièrement cette catégorie d'artistes, du fait de leur hyper sensibilité qui leur permet souvent d'être les « éclaireurs » des grands événements qui se profilent dans les coulisses du Mythe.

Ainsi ***L'Appel de Cthulhu*** (1926) commence avec les rêveries de **Henry Wilcox**. Cette fameuse nouvelle est l'histoire d'un jeune homme de

Boston, Francis Thurston, qui hérite des biens de son grand-oncle, Georges G. Angell, professeur de langues sémitiques à l'université Brown de Providence. Ce dernier vient de mourir dans des conditions mystérieuses. Dans une cassette pleine de papiers regroupés dans un dossier intitulé « Le Culte de Cthulhu », il découvre une statuette de facture récente représentant un monstre repoussant. D'après les notes, elle serait l'œuvre d'un artiste décadent, Henry Wilcox que le professeur va rencontrer. Ce dernier est victime de cauchemars récurrents (entre le 28 février et le 2 avril 1925) dans lesquels il voit d'étranges structures cyclopéennes, le monstre, et entend une lancinante invocation : *Ph'nglui mglw'nafh Cthulhu R'lyeh wgah'nagl fhtagn ! Iä Iä, Cthulhu fhtagn !*

Parmi les artistes particulièrement sensibles qui auraient au de visions similaires à celle de Wilcok, Lovecraft cite **Ardois-Bonnot**, peintre français qui aurait réalisé *Paysage de Rêve.* La revue *La Clef d'Argent,* sur son site, rebondit sur cette « mystification » : « Félicien Ardois-Bonnot (1885-1926) demeure sans doute "[...] pour le grand public, l'un des derniers peintres français d'inspiration authentiquement symboliste" s'il faut en croire John Coolter, le célèbre critique britannique, ami de l'artiste. En effet, Ardois-Bonnot est avant tout considéré et apprécié pour des toiles datant de sa première période comme *Eau Morte* (1910) ou *Le jardin allégorique* (1912) où se retrouvent, selon la belle expression de Francis Vielé-Griffin qui définissait ainsi le Symbolisme, "[...] la passion du mouvement au geste infini, de la Vie même, joyeuse ou triste, belle de toute la multiplicité de ses métamorphoses [...] riche du lyrisme éternel." On ignore bien souvent qu'à partir de 1925 et jusqu'en juin de l'année suivante, date à laquelle il mourut des suites d'un accident de la route survenu dans des circonstances encore mal définies, il avait entamé bien malgré lui une sorte de seconde carrière, en essayant de matérialiser par des œuvres oppressantes et sombres les rêves récurrents qui l'assaillaient depuis qu'une nuit d'avril 1925, lui avaient été révélées, comme il le nota dans son journal, "les terribles perspectives d'une ville sous-marine où dormait de toute éternité une créature gigantesque appelée à s'éveiller un jour". Rares, pourtant, sont les témoignages de cette époque, puisqu'il brûla presque toutes ses nouvelles œuvres, à l'exception notable de *Paysage de rêve*, qui avait fait scandale au Salon de Printemps de Paris, et de quelques esquisses. »

Dans *Celui qui hante les ténèbres (1935)*, Lovecraft met en scène son ami Robert Bloch sous les traits de **Robert Drake**, artiste, écrivain et peintre qui vient de s'installer à Providence, dans College Street, à proximité de la Brown University et de sa bibliothèque John Hay. Il est connu pour ses œuvres fantastiques comme *Celui qui creuse sous la terre, l'Escalier de la Crypte, Shaggaï, dans la vallée de Pnath* et *le Dévoreur venu des Étoiles*.

Mais l'art peut devenir sanglant et l'artiste criminel comme dans *La chevelure de Méduse* (1930, une révision pour Zélia Bishop, *Medusa's Coil* in *Weird Tales* 1939). Là encore un texte qui est pratiquement du pur Lovecraft, dans lequel il intégrera du reste ses « petits » cailloux mythologiques.

Il s'agit d'une histoire au démarrage très classique. Un voyageur dans le Sud du Missouri est surpris la nuit par un orage et se réfugie dans une demeure en fort mauvais état. Après des hésitations, Antoine de Russy, propriétaire des lieux, accepte de lui prêter asile malgré la vétusté des lieux. Mis en confiance par le visiteur, il se met à lui raconter son étrange existence. Il est le dernier d'une lignée de planteurs, propriétaire d'un vaste domaine autour de Riverside, nom de la maison. Les affaires ont périclité, mais Riverside a eu ses heures de gloire. Son fils, Denis, a fait les meilleures écoles américaines (Harvard et Princeton), puis est parti en France étudier à la Sorbonne. Il s'est lié avec un cercle d'étudiants décadents, et notamment **l'artiste Frank Marsh** qui va devenir son meilleur ami. Il rencontre également Tanit-Isis (de son vrai nom Marceline) qui se fait passer pour prêtresse d'un culte très ancien pratiqué au Zimbabwe 083. La jeune femme est très jolie et possède une chevelure extraordinaire. Il en tombe éperdument amoureux, l'épouse et rentre avec elle dans le domaine familial. Le père fait de gros efforts pour la supporter, malgré de nombreuses réserves liées à son aura empreinte de paganisme.

Frank écrit à Denis, il est au fond du trou depuis leur départ, ayant perdu toute inspiration en plongeant dans l'alcoolisme. Il demande à son ami de l'héberger à Riverside pour tenter de réaliser son grand œuvre, le portrait de Marceline 084. S'instaure alors une relation de couple à trois particulièrement malsaine, avec un Denis jaloux et un Frank complètement envoûté. Les conversations entre l'artiste et la jeune femme tournent autour de Yuggoth, R'Lyeh, les secrets antiques de Kadath et les mystères du *Necronomicon*. Les choses se dégradent sérieusement et Antoine de Russy conseille à son fils d'aller prendre l'air en France. Mais rongé de jalousie, il reviendra en catimini et assassinera Marceline, devenue d'incarnation du mal. Il essaiera de lui couper les cheveux dont une tresse ensanglantée s'échappera pour aller étrangler l'artiste dans son atelier. Le plus affreux sera encore de contempler le tableau de ce dernier. De Russy propose de le montrer au visiteur : les yeux sont pleins de vie, les cheveux semblent bouger, le tout dans un décor fait de ruines cyclopéennes immergées au fond de l'océan. Le voyageur s'enfuira pour ne pas devenir à son tour victime de la chevelure maudite.

Lorsqu'il demandera son chemin à un indigène pour quitter les lieux, il apprendra que Riverside n'existe plus, le domaine ayant été ravagé par les flammes il y a 5 ou 6 ans.

Un récit bien rythmé, dans lequel, mais c'est tellement habituel chez HPL, la femme est toujours une créature maudite !

Avec *L'Horreur dans le Musée* (1932, une révision pour Hazel Heald, Weird Tales 1933) Lovecraft franchit un nouveau pas dans le domaine du morbide artistique. Nous sommes à Londres, en compagnie de Stephen Jones qui va se prendre de passion pour le musée des horreurs de **Georges Rogers**. Un ancien de chez Madame Tussaud qui s'est mis à son compte pour développer sa propre sensibilité morbide. La pièce principale regroupe les grands classiques, comme Gilles de Rais ou Landru. Une seconde pièce, « réservée aux adultes », propose aux visiteurs les pires horreurs évoquées dans des manuscrits sulfureux, comme Cthulhu, Tsatogghua, Chaugnar Faugn. Même si Jones reste sur sa réserve, il est fasciné par le vieux sculpteur qui l'invite dans son bureau-atelier au sous-sol. Les visites se répètent et, quelques verres de whisky aidant, il raconte à son visiteur une mission qu'il a menée en Arctique et sa découverte, dans une grotte, assise sur un trône, une monstrueuse créature qu'il a ramenée en Europe. Une bestiole comme Lovecraft les aime, avec un corps tonnelé, des tentacules qui sortent de la tête et une énorme pince de crabe. Cette créature était dans un état de sommeil profond et il a pu la « réveiller » en lui offrant un chien qu'elle a déchiqueté dans une pièce secrète attenante au bureau. Jones ne croit pas un mot aux propos de Rogers, même si celui-ci lui montre des photos troublantes prises lors de son expédition. Énervé par son scepticisme, Rogers le met alors au défi de passer une nuit dans le musée, dans la pièce principale.

Et arrivera ce qui devait arriver : il s'agit d'un piège destiné à offrir Jones comme proie au monstre, Rhan Teggoth. Le visiteur déjouera le piège et s'enfuira du musée. Deux semaines plus tard, il y reviendra et apprendra que Rogers est parti précipitamment en Amérique. Le conservateur adjoint lui montrera sa dernière création, un monstre abominable enserrant une créature humaine écrabouillée. Jones y reconnaîtra pourtant le visage de Rogers avec sa balafre sur le front !

Mais *Le modèle de Pickman* (1926, *The Pickman Model* in *Weird Tales*, 1927) est certainement, à mon avis, le texte dans lequel Lovecraft exprime le mieux sa fascination pour l'art macabre. Il s'agit du récit d'un étudiant dénommé Thurber, fasciné par les créations du **peintre Richard Upton Pickman** qu'il rencontre à l'Art Club de Boston, musée qui vient de refuser d'exposer un de ses tableaux intitulé *Le Festin des Goules*. Et l'étudiant de commenter :

Les artistes, les vrais artistes, connaissent l'anatomie de la terreur, la physionomie de la peur. Ils savent lier leurs tracés, leurs perspectives avec nos instincts les plus profonds et nos terreurs ancestrales. Leurs contrastes si singuliers, leurs jeux de lumière éveillent en nous ce sentiment latent d'étrangeté. Je n'ai pas besoin de vous expliquer comment une œuvre de Fuseli nous fait frissonner tandis qu'on se mettra à rire devant la couverture d'une nouvelle fantastique à dix cents. Ces créateurs perçoivent quelque chose, quelque chose qu'ils parviennent, l'espace d'un instant, à nous transmettre. Doré y parvenait. Sime y parvient. Angarola de Chicago aussi. Et Pickman y parvenait à un degré qui n'avait jamais été atteint auparavant et, que le ciel m'entende, qui ne sera plus jamais atteint.

Il finit par sympathiser avec l'artiste avec lequel il a de longues discussions, dans le cadre de la rédaction d'une monographie sur laquelle il travaille et consacrée à *L'Art Ésotérique*. Pickman l'entraîne dans le vieux quartier de Copp's Hill où il réside, et où habita le démonologue Cotton Mather. *Je pourrais vous montrer la maison où il a vécu et une autre dans laquelle, malgré ses rodomontades, il était trop lâche pour entrer. Il en savait plus long que ce qu'il a écrit dans ce stupide* Magnialia *ou dans* Les merveilles du monde invisible. *On dirait le titre d'un livre pour enfants !*

L'atelier de Pickman (droits réservés)

Mais le véritable atelier du peintre se trouve dans la cave d'une vieille masure abandonnée où il entraîne l'étudiant. Et là, c'est le choc : *Je n'essayerai pas de décrire ces œuvres : l'atrocité, l'horreur blasphématoire, une incroyable abhorrence et l'abomination morale émanaient de touches subtiles, que les mots seraient impuissants à décrire. Il n'y avait là nulle ressemblance avec les techniques saisissantes de Sidney Sime ou les étendues transsaturniennes, les thallophytes lunaires qui glacent le sang dans les toiles de Clark Ashton Smith. Les paysages ne représentaient que des cimetières, des forêts, des falaises de bord de mer, des tunnels de briques, des pièces lambrissées ou de simples caveaux de pierre. Le cimetière de Copp's Hill, tout proche, était le panorama le plus représenté.* Mais ce qui terrifie le plus le visiteur, c'est l'incroyable vérité des visages des monstres représentés, *ces maudits visages qui semblaient lorgner hors du cadre en bavant, comme animés d'une vie propre ! Bon sang, mon vieux, j'avais vraiment l'impression qu'ils étaient vivants ! Pour animer ce cauchemar, cet infect sorcier avait étalé sur sa palette les feux de l'enfer et employé un bâton de sorcier comme pinceau.*

Et de pénétrer dans le sanctuaire secret de Pickman, une pièce voûtée au milieu de laquelle se trouve un puits recouvert d'un couvercle en bois. Découvrant avec horreur un tableau en cours, Thurston se met à hurler. Il s'enfuit, un croquis entre les mains alors que l'artiste tire plusieurs coups de feu. Il explique à son visiteur que son cri a réveillé un troupeau de rats. L'étudiant découvrira en rentrant chez lui que le croquis est en fait une photo représentant un monstre abominable sortant du puits. On ne retrouvera jamais Pickman.

Un tableau de Roerich

Mais Lovecraft ne se contente pas de « créer » ses propres artistes. Son inspiration sait puiser dans la réalité, comme dans *Les Montagnes Hallucinées* (19311). *Même si Lovecraft[51] ignorait sans doute le parcours ésotérique, notamment rosicrucien, de* **Roerich***, il est étonnant qu'il ait été particulièrement sensible à la partie de l'œuvre picturale de ce dernier — les tableaux de paysages du Tibet et de l'Inde —, inspirée par sa quête spirituelle et ses voyages en Extrême-Orient. Tout se passe comme si Lovecraft retrouvait sur un plan poétique une communauté d'esprit avec une approche de la réalité qu'il ne cesse de stigmatiser, mais dont il reconnaît implicitement le pouvoir d'évocation, indispensable pour la mise en œuvre du « sense of wonder », finalité essentielle, constamment réaffirmée, de son projet artistique. La polémique sur la vérité du discours ésotérique de Lovecraft n'est peut-être pas encore éteinte ; elle survit en tout cas sous la forme de certaines mystifications littéraires particulièrement réussies.[52]*

° Architecture

---

51   Gilles Menegaldo, « Lovecraft et l'ésotérisme », in *Imaginaire et Maçonnerie*, Editions de l'Œil du Sphinx, 2016.

52   Le plus achevé est la compilation de George Hay *The Necronomicon*,

C'est certainement l'un des points les plus fascinants de la fiction lovecraftiennes, à savoir ses descriptions de cités cyclopéennes dont les constructions défient toute logique géométrique et dont les murs sont recouverts d'inscriptions étranges et de gravures retraçant l'histoire de peuplades antidéluviennes. Ce sera *Dagon* (1917) et son monolithe blanc recouvert de symboles aquatiques, le Temple sous-marin de *Le Temple* (1920, *La Cité sans nom* (1921) qui *gisait déjà ainsi, sans doute avant que soient posées les fondations de Memphis, ou que les briques de Babylone sortent de leurs fourneaux*. Mais les chefs-d'œuvre de cette architecture de l'horreur resteront *Le Tertre* (1930) et surtout *Les Montagnes de la Folie* (1931) et *Dans l'Abîme du Temps* (1935). L'architecture échappe totalement aux canons connus alors que les gravures renvoient à une histoire de nature préhumaine.

Mais cette architecture n'est pas toujours de nature terrifiante. Elle peut se transformer en une déclinaison de cités merveilleuses. Le « cycle du rêve » est à cet égard particulièrement riche. C'est le pays de Lomar dans *Polaris* (1918), la fière Sarnath dans *La Malédiction qui s'abattit sur Sarnath* (1919), les îles merveilleuses découvertes dans *Le Vaisseau Blanc* (1919), la cité de Zakarion dans *Ex Obilivone* (1920), la merveilleuse Celaphis (id, 1920), la sublime ville d'Iranon dans *La Quete d 'Iranon* (1921), Ulthar et Kadath dans le cycle de Randolph Carter (1920-1927).

Ces cités de rêve, situées toujours aux confluences des rêves de l'enfance, renvoient sans cesse à sa Nouvelle Angleterre adulée et à ses vieilles demeures avec leurs "toits en croupe"! Les créations oniriques

---

Neville Spearman, Jersey, 1978. Ce texte a été traduit et publié aux Editions Belfond en 1979, dans la collection Initiation et Connaissance, avec en sous-titre : « Le livre de l'Arabe dément Abdul Al-Hazred ».

de Lovecraft ne sont ici rien d'autre que la sublimation de sa géographie intimiste.

° Musiciens

On ne serait pas complet, en matière artistique, sans citer **La Musique d'Erich Zann** (1921, in National Amateur 1922 & Weird Tales 1925)

La rue d'Auseil (Maxresdefault ©)

J'ai examiné des plans de la ville avec le plus grand soin, et pourtant, je n'ai jamais pu retrouver la rue d'Auseil. Je n'ai pas seulement parcouru des cartes récentes, car je sais que les noms de rues changent avec le temps. Je me suis au contraire plongé dans l'histoire de ces lieux, et j'ai exploré chaque recoin dont le nom aurait pu rappeler celui de la rue d'Auseil. Malgré tous mes efforts, je garde un souvenir amer de n'avoir pas su retrouver la maison, la rue, ni même le quartier où, sans le sou, j'ai habité pendant mes derniers derniers mois d'études de métaphysique à l'université. C'est dans la rue d'Auseil que j'ai entendu la musique d'Erich Zann. Le narrateur, jeune étudiant en métaphysique, a pourtant passé quelque temps dans cette petite rue imaginaire de Paris, dans une mansarde dont le dernier étage était occupé par Erich Zann. Un musicien muet, employé le jour dans un théâtre-cabaret, et joueur de viole dans son appartement la nuit. *Là, dans le petit couloir, devant la porte barrée et le trou de serrure masqué, j'ai entendu souvent ces sons qui me remplissaient d'une terreur indéfinissable — la terreur d'une vague merveille et d'un mystère rêveur. Ce n'était pas que ces sons soient affreux, non, ils ne l'étaient certes pas ; mais ce qu'ils entretenaient de vibrations n'appartenait à rien qu'on puisse relier sur la terre, et à certains intervalles ils atteignaient une qualité symphonique qu'on pouvait difcilement concevoir être produite par un seul interprète.*

L'étudiant est fasciné par l'étrange beauté de sa musique, et, avec difficultés, finit par entrer en contact avec l'artiste. La fenêtre de sa pièce de travail est toujours soigneusement fermée et interdiction est faite à son visiteur de tenter de l'ouvrir. Il lui explique que ses mélodies visent à empêcher Ceux du Dehors de pénétrer dans notre monde. Une nuit, et après une symphonie particulièrement terrifiante, l'étudiant monte chez son voisin. La pièce est vide et la fenêtre ouverte. Celle-ci donne sur les étoiles.

Une belle nouvelle, très poétique, que Lovecraft considérait du reste comme son meilleur texte. La critique, notamment celle de S.T. Joshi, sera plus réservée, reprochant à ce texte son manque de cohérence. Bergier, pour sa part enthousiasme, aurait demandé à Lovecraft comment il avait visité Paris. Celui-ci lui aurait répondu "en rêve". (In *Planète* no 1). Cette correspondance est sujette à caution !

Le texte a fait l'objet d'une adaptation cinématographique par Marc Thomas, dans le cadre de son cursus universitaire (*La Transition d'Ulrich Zann,* film noir et blanc de 15 minutes, 1996).

Un Mythe Généreux

Nous l'avons évoqué à plusieurs reprises, l'œuvre de Lovecraft a eu une postérité inattendue ; saluons ici le travail de mémoire réalisé par August Derleth qui, par le biais de sa maison d'éditions, *Arkham House*, a maintenu la flamme. On lui doit, entre autres, de nombreux récits rédigés (avec plus ou moins de bonheur il est vrai), sur la base de notes fragmentaires laissées par Lovecraft. On trouve même, dans cette collaboration post-mortem un roman, **Le Rôdeur devant le Seuil** (Lovecraft & Derleth, 1945, *The Lurker at the Thresold,* Arkham House, 1945, version française Christian Bourgois, 1971 096). Selon Joshi, sur les 50 000 mots du texte, seuls 1.200 sont de la plume de l'écrivain.

Il s'agit d'un roman qui s'inscrit dans les canons purs et durs du Mythe version Derleth. Nous sommes dans la Nouvelle-Angleterre, entre Arkham et Dunwich, dans la maison de famille des Billington, entourée de sombres légendes. L'un des descendants de cette famille, Ambrose Dewart, décide de rénover la demeure et de s'y installer. Elle est située dans un grand parc dans lequel se trouvent une tour et un cercle de pierres levées. Il fait bien évidemment des recherches dans la bibliothèque de son grand-père Alijah qui y vivait avec un indien et son fils Laban. Grâce aux notes laissées par ce dernier, il découvre que les deux adultes se livraient la nuit à de curieuses invocations. Il retrouve plusieurs coupures de presse faisant état de disparitions mystérieuses dans la région, les cadavres des malheureux étant retrouvés horriblement mutilés. Il étudie également les livres maudits de la bibliothèque faisant état de redoutables entités non-humaines et des techniques pour les invoquer.

Perturbé, il demandera à son cousin Stephen Bates de Boston de venir passer quelque temps avec lui. Il lui fait part de ses découvertes, mais il subira progressivement une modification de personnalité. Bates le surveillera discrètement et le surprendra la nuit, au haut de la tour, en train d'appeler des créatures infernales. De nouvelles disparitions se produisent. Bates ira consulter deux experts à l'Université de Miskatonic, le Dr Seneca Lapham et Winfield Phillips. Ceux-ci mèneront une enquête sur le terrain. Bates a disparu et Ambrose Dewart, dont le sorcier Richard Billington, l'ancêtre de la famille, avait pris le contrôle, sera vaincu grâce aux talismans apportés par les deux érudits.

Un récit archi-classique, on pourrait presque dire "téléphoné", qui aurait mérité d'être ramassé en nouvelle plutôt que de se trainer péniblement en roman. On y remarque les premières traces de la structuration du panthéon lovecraftien par Derleth, à savoir entre les gentils (les Anciens Dieux) et les méchants (les Grands Anciens). Petite curiosité, on y assiste, du chef des deux universitaires, à un petit cours un petit cours de fortéanisme (Charles Fort est nommément cité), sur le thème "rien n'est impossible, la preuve…"

Ce qui est impressionnant, c'est le nombre de pastiches qui ont été commis en empruntant à la mythologie de l'écrivain. Mais il est vrai que le Rêveur de Providence a été de son vivant l'initiateur de ce mouvement, prêtant ses "divinités" à ses amis auxquels il empruntait leurs "Livres Maudits", et vice versa. Robert Howard, Clark Ashton Smith, August

Derleth, Donald Wandrei, Frank Belknap Long, Robert Bloch et bien d'autres participèrent à cet extraordinaire bouillonnement littéraire qui a donné lieu à de petis chefs-d'œuvre. Je voudrais citer ici deux exemples :

La Pierre Noire de Robert E. Howard (1931) dans laquelle on retrouve tous les ingrédients du Mythe malaxés avec talent :

Le narrateur, non nommé, est un spécialiste du *Unaussprechichen Kulten* de Von Juntz, encore appelé *Livre Noir.* Et de nous présenter cet ouvrage sur deux pages, avec force détails, à l'instar de ce qu'avait fait Lovecraft avec son *Histoire du Necronomicon* (1927). On sait que l'auteur de ce grimoire, qui a enquêté sur les cultes les plus impies autour de la planète, sera retrouvé mort en 1840, avec des griffes sur la gorge, par son ami le Français Alexis Ladeau.

Ce dernier se tranchera la gorge avec un rasoir après cette sinistre découverte. Mais ce qui intéresse surtout le narrateur est l'évocation par Von Juntz d'un monolithe noir, situé dans les montagnes de Hongrie, dans la région de Stregoicavar, pierre levée qui serait le lieu d'étranges cultes la nuit de la Saint Jean. Il va se rendre sur place et apprendra par le cocher que le lieu a été le siège d'une terrible bataille en 1526, entre les polonais et les hongrois, commandés par le Comte Boris Vladinoff, et les hordes de Soliman le magnifique. Ces dernières remportèrent la bataille ; le chroniqueur Selim Bahadur a rapporté ce combat terrible au cours duquel il est tombé. Un tumulus conserve les restes des victimes du conflit.

Arrivé au village, on lui conseille d'éviter la Pierre Noire, lui rappelant le destin tragique du poète Justin Geoffrey, se rendant régulièrement pour rêver sur les lieux. On lui explique aussi que la population du village a été entièrement décimée par les Turcs, et que les indigènes de l'époque avaient un physique inquiétant et se livraient à de sombres cultes. On appelait le village à l'époque Xulthan. Le narrateur va pourtant se rendre sur le tertre la nuit de la Saint Jean. Il va s'assoupir et assistera à une infernale bacchanale, messe noire au cours de laquelle un bébé sera sacrifié et une jeune femme nue fouettée jusqu'au sang ; rituel qui libérera une créature monstrueuse venue chercher son tribut en la personne de cette dernière.

Le narrateur tombera en syncope et, à son réveil, ne retrouvera aucune trace de ce qu'il a pourtant vu. Il se rendra alors sur le tumulus conservant les restes de la guerre menée par les Turcs et retrouvera un coffret ayant appartenu à Selim Bahadur. Il renferme un parchemin retraçant le déroulement du culte impie auquel il a assisté et une petite statuette en or représentant la monstruosité. Le chroniqueur suppose que ce monolithe était en fait le somment d'une construction cyclopéenne souterraine dans laquelle résidaient les cultistes.

Le récit se termine par une petite pincée d'horreur cosmique, sans laquelle un récit ne serait pas lovecraftien : *quelles formes abominables peuvent se tenir cachées, aujourd'hui encore, en des recoins obscurs du monde ?*

Le Cimetière de l'Effroi (Donald Wandrei, 1931, *Dead Titans, Waken,* ; 1948 sous le titre de *The Web of Easter Island;* 1954 *Cimetière de l'Effroi,* Fleuve Noir). Une autre perle du « Lovecraft Circle », une nouvelle pour laquelle Lovecraft a suggéré de nombreuses révisions et qu'il considérait comme un chef d'œuvre : *Je pense que vous aimerez le roman de Wandrei... tout particulièrement la seconde moitié, d'une poésie cosmique, dont certains chapitres atteignent des sommets nouveaux dans l'horreur...* Wandrei était un correspondant et ami de Lovecraft. Il fondera, après sa mort, Arkham House avec Derleth. On lui doit les deux premiers tomes des *Selected Letters.*

Et c'est vrai que cette nouvelle est une petite perle. Joshi, dans *The Rise and the Fall of the Cthulhu Mythos* (2008, cf infra) consacrera deux pages à se demander si cette nouvelle est à classer dans la famille du Mythe ou pas. L'influence de Lovecraft est en tout état de cause évidente avec une nouvelle race de Grands Anciens, les Titans, et des rituels en langage de R'Lyeh (ou langue duriaque) qui laisse suinter, sous forme de contractions, le nom de Cthulhu. Nous sommes en Angleterre, dans la région d'Isling où un jeune garçon meurt dans des conditions horribles après avoir récupéré une étrange statuette dans le cimetière local. Ses parents, ayant conservé l'objet, connaîtront le même sort. La presse fera écho de ce mystère, ce qui attirera l'attention de Carter Graham, archéologue et conservateur du musée Ludbury. Celui-ci fera une enquête au cimetière et retrouvera la statuette et une étrange dalle pivotante. Il emportera la statuette et rentrera chez lui par le train, train qui va subir un accident effroyable, perdant par cette occasion le précieux objet. Il reprendra ses investigations dans le cimetière et à l'aide d'un collègue descendra dans la cavité située sous la dalle. Le câble d'escalade s'étant rompu, il partira à la recherche d'une autre sortie, laissant son ami sur place. Il finira par déboucher à Stonehenge. De retour sur les lieux, il retrouvera son partenaire affreusement décomposé. Il en sera de même du Professeur Charles Alton à qui il avait confié, pour décryptage, des copies des inscriptions relevées sur la dalle. Dans ses notes, il est question de Titans qui attendent qu'on les invoque par le biais d'un Gardien du Sceau.

La presse se fait l'écho de crimes mystérieux et de rituels sataniques perpétrés tout autour de la planète, alors que les poètes et les artistes les plus sensibles deviennent fous (thème cher à Lovecraft!). Mais c'est sur l'île de Pâques que les phénomènes les plus inquiétants semblent se produire. Et d'embarquer pour cette destination, le voyage laissant le temps à Graham de mettre ses notes au clair. Prétexte pour nous offrir un intéressant récit sur la vie du chercheur, qui a plongé corps et âme dans l'archéologie pour tenter d'oublier la douleur consécutive à l'assassinat de sa femme bien aimée. Il nous explique avoir rencontré un sage au Tibet qui lui a lu quelques passages du Livre des Livres (*Necronomicon*?). Il y est question également des Titans, du Gardien du Sceau, mais également de l'élu qui peut arrêter le processus de réveil par une incantation appropriée.

L'Ile de Pâques est déserte et soumise à une agitation géologique surprenante. Sur une colline, il retrouve la statuette et sa dalle, le tout enveloppé par une colonne de lumière qui ne cesse de s'élargir, l'amenant à se réfugier dans la mer. Il prononce le rituel de l'élu et sera sauvé pas un vaisseau volant qui l'emmènera dans son monde, à des milliers d'années plus tard. Les indigènes possèdent une culture colossale et lui montreront l'évolution de la planète depuis son époque. Alors qu'il en a le choix, il décidera de rester dans ce monde futur.

Grands Anciens, Anciens Astronautes, Archéologie Mystérieuse, Livres Maudits, langage non humain et Science-Fiction, quel excellent cocktail !

La mort de l'auteur, bien loin d'endiguer ce flux, ne fit que l'encourager. De grands noms des littératures de l'Imaginaire (Fritz Leiber, Stephen King par exemple, mais aussi Jacques Sadoul pour ce qui est de la France) se prirent au jeu alors que des légions d'amateurs continuèrent et continuent encore de plonger dans ses terreurs cosmiques. Un nouvel exercice littéraire s'est du reste greffé, pour le plus grand plaisir des amoureux de littérature populaire, sur ce foisonnement : *le cross-over.* Nous pouvons désormais participer à d'improbables rencontres, entre Lovecraft et Sherlock Holmes[53] ou encore l'abbé Saunière[54] ; quant à Cthulhu, il rencontrera le Capitaine Nemo sous la plume de Richard D. Nolane dans la BD *20 000 siècles sous les mers* (Soleil, 2010). Et pour rester dans le domaine littéraire, citons encore l'apparition d'une nouvelle école, celles des *traqueurs d'influences.* Patrice Allart en est certainement le meilleur représentant, allant rechercher les influences de Lovecraft chez King bien sûr (*Spectres, Monstres et Lovecrafteries,* Éditions de l'Œil du Sphinx, 2014*),* Jean Ray *(D'Arkham à Malpertuis,* Éditions de l'Œil du Sphinx, 2006*), Masterton (*Éditions de l'Œil du Sphinx, 2004*)* et bien d'autres

---

53   Sur ce sujet, il y a pléthore ! Citons quelques belles pièces : *La Sagesse des Morts,* Rodolfo Martinez, 2009 ; *La Malédiction de Nephrem-Kâ,* Sophie Bellocq-Poulonis, Editions de L'Œil du Sphinx, 2012 ; la superbe bande dessinée *Sherlock Holmes et le Necronomicon,* Lacy & Sylvain Cordurié, Soleil, 2011.
54   *L'Intrus,* Jean-Christophe Macquet, Henri, 2003.

(études en cours sur Matheson et Bloch).

Nous touchons ici à un autre volet de la descendance littéraire de Lovecraft, celui des **Etudes Lovecraftiennes**. Celles-ci se sont d'abord développées aux États-Unis, sous la houlette de l'universitaire S. T. Joshi et d'une petite maison de small press, *Necronomicon Press* publiant ses célèbres fanzines, *Necronomicon Studies* et *Crypt of Cthulhu* avec Robert Price. Beaucoup d'autres auteurs et/ou universitaires rejoindront le mouvement comme Sprague de Camp, Peter Canon, David E. Schultz. On leur doit des travaux remarquables comme *H.P. Lovecraft, a Life* déjà cité ou, toujours du même Joshi en compagnie de Schultz *An H.P. Lovecraft Encyclopedia* (Hippocampus Press, 2001). Ils ont eu le mérite de commencer à exhumer la volumineuse correspondance de l'auteur (*Selected Letters*, 5 tomes à ce jour) et publier des nombreux petits ouvrages thématiques (notamment par correspondants : R.H. Barlow, Robert Bloch, Samuel Loveman...). La France prendra le relais en fanfare avec un *Cahier de l'Herne* consacré à l'auteur (no 12, 1969), puis avec *Les Études Lovecraftennes* de Joseph Altairac, *Les Cahiers d'Études Lovecraftiennes* 109 des Éditions Encrage, avec notamment les contributions de Michel Meurger, *les Bulletins et Cahiers de l'Université de Miskatonic* de l'Œil du Sphinx[55].

---

[55]   Soulignons dans ces derniers la part importante des travaux de Jacky Ferjault.

L'Université ne manquera pas de prendre le relais avec Maurice Lévy, Roger Bozetto, Lauric Guillaud et Gilles Menegaldo notamment que nous retrouvons, pour ce qui est des 3 derniers, au sommaire du numéro d'avril 2016 de *La Revue Europe* consacré à Lovecraft et Tolkien. Citons enfin pour mémoire *H.P. Lovecraft. Contre le monde, contre la vie*, éditions du Rocher de Michel Houellbeq en 1991.

Je terminerai avec quelques remarques sur **le jeu de rôle**. Les puristes crieront bien sûr au scandale, voyant dans cette activité ludique un dévoiement de l'œuvre du Maître. Mais regardons-y à deux fois. D'abord parce que je connais beaucoup de jeunes amis qui ont découvert les textes de Lovecraft après avoir pratiqué **l'Appel de Cthulhu.** Ensuite, parce que les aides de jeu éditées pas Chaosium/Descartes/Sans Détours sont à la fois superbes et très instructives pour le fan, même non joueur. Il s'agit en effet de guides fort complets, avec notices historiques, vrais-faux journaux d'époque, renvois littéraires, cartes et plans sur l'univers Prince Noir de Providence. Les titres de ces productions se passent de commentaires : *Les Fungi de Yuggoth, aventures désespérées contre la confrèrie* (1984), *les ombres de Yog-Sothoth* (1985), *Terreur sur Arkham* (1985), *Les Monstres de Cthulhu* (1988), *Les Grands Anciens* (1990), *Les Mystères d'Arkham* (1991), *Retour à Dunwich* (1992), *Kingsport, la cité des brumes* (1992), *Contes de la vallée du Miskatonic* (1993), *La Chose sur le Seuil* (1994), *L'évasion d'Innsmouth* (1994), *Aventures dans la vallée d'Arkham* (1995), *Les Sacrements du Mal* (1996), *L'Aube Dorée* (1997), *L'Université de Miskatonic* (2010), *Necronomicon et autes ouvrages impies* (2012), et je suis loin d'être exhaustif !

Géniteur d'une extraordinaire machine à rêver, Lovecraft a donné à sa création d'univers une véritable dimension métaphysique. Reprenons une dernière fois le résumé de la mythologie, telle qu'il la synthétise dans la bouche de l'Inspecteur Legrasse dans *L'Appel de Cthulhu* : *Ils prétendaient adorer les Grands Anciens, qui avaient vécu plusieurs ères avant l'apparition du premier homme et étaient descendus des cieux pour habiter notre monde, alors en sa prime jeunesse. Ces Anciens avaient à présent disparu, et s'étaient retirés au plus profond de la terre ou sous les océans ; mais leurs dépouilles avaient murmuré leurs secrets dans les rêves des premiers hommes, et ceux-ci leur avaient voué un culte encore en activité de nos jours. Ce culte était celui des prisonniers – il existait, assuraient-ils, depuis toujours et pour toujours, dissimulé dans de lointains déserts et antres obscurs aux quatre coins du globe, jusqu'au jour où le grand prêtre Cthulhu s'extrairait de sa sombre demeure de R'lyeh, la puissante cité sous-marine, pour soumettre à nouveau la terre. Le jour viendrait où il lancerait son appel, quand les étoiles seraient propices, et ce jour-là le culte secret — qui l'attendait depuis toujours — serait prêt à le délivrer.* On ne peut s'empêcher de penser ici au philosophe Jean-Charles Pichon (1920-2006) avec ses intuitions concernant « la Machine » et « la Forme Vide ». La cosmogonie lovecraftienne n'est-elle pas une « Machine », à savoir un ensemble auto-explicatif en perpétuel mouvement du fait de ses adjonctions permanentes ? Et cette attente du retour des Grands Anciens ne revoie-t-elle pas à cette inquiétante phase de l'histoire, celle de « la Forme Vide », où les Anciens dieux ont disparu faute de disciples, alors que les nouveaux ne sont pas encore apparus (où n'ont pas encore été reconnus). À l'instar des divinités païennes, les Grands Anciens subsistent à l'état d'un mince égrégore qui ne demande qu'à….

Arrivé au terme de cette étude, je ne peux m'empêcher de proférer une affreuse banalité. La vie de Lovecraft a été bien trop courte, compte tenu de son immense talent qui avait encore beaucoup de potentialités. Avec **HPL (1890-1991)** (Le Cri Mécanique, 1995 ; Actu SF, 2008), le talentueux Roland C. Wagner répare l'erreur monumentale de la mort prématurée de Lovecraft en 1937. Notre feu ami va le faire vivre jusqu'à l'âge de 101 ans et lui permettre de poursuivre une œuvre qui n'était alors qu'en gestation. Le Rêveur de Providence va se hisser dans le club très restreint des plus grands noms de la science-fiction, comme K. Dick, Campbell ou Heinlein. Et les amateurs de livres imaginaires se régaleront à l'énoncé des titres de sa production : *Couleur d'angoisse, La Chaleur tombée du Ciel, Sur les Ailes du Chant*, etc… C'est brillant et vaudra du reste à l'auteur le prix Rosny Aîné en 1997.

Mais, malgré cette brève carrière, je suis convaincu que Lovecraft restera un écrivain éternel. Ne faisait-il pas dire au *Necronomicon* :

> *N'est point mort qui peut éternellement gésir*
> *Au cours des temps, la mort même peut mourir*

Lovecraft et l'Archétype Universel :

Note sur *A travers les Portes de la Clef d'argent*
(Lovecraft & Price, 1932, 1933)

… Le pandit prend la parole, abondant dans ce sens, expliquant qu'il a gardé le contact avec le disparu (Randolph Carter). Et de retracer l'aventure de ce dernier, franchissant une porte sacrée où il est attendu par le Grand Ancien Urm At-Tawil, littéralement le plus Ancien de tous dont il est fait état dans le *Necronomicon* et *Le Livre de Thot.* Face à la détermination de Carter, il acceptera d'ouvrir à son visiteur la porte ultime et de lui révéler le secret de toutes choses. Carter est alors terrassé par une panique sans nom, perdant son identité pour devenir tous les Carter passés et futurs. Il lui est expliqué que le temps n'existe pas, et que toute chose est l'apparence d'une chose plus importante. *Considérez la forme que vous appelez un cône. Vos géomètres la coupent à l'aide d'un plan et ils obtiennent un cercle. S'ils changent l'angle de la coupe, ils obtiennent une ellipse. S'ils changent à nouveau d'angle, c'est une parabole qu'ils obtiennent. Une parabole dont les extrémités vont se confondre avec les plus extrêmes limites de votre espace. Et pourtant, il s'agit du même cône, rien n'a changé, vous l'avez simplement coupé selon des angles différents… Les ellipses, les paraboles, les hyperboles sont par conséquent des illusions dont vous dites qu'elles changent, car vous oubliez qu'elles ont toutes pour origine une figure spatiale inaltérable…* À cette explication qui est de Price, Lovecraft va ajouter une véritable dimension métaphysique :

À l'origine de tout, il y a l'Être ou encore l'Archétype Universel. Et chaque chose, chaque individu, n'est qu'une des phases de l'infinité de phases comportant l'Archétype Suprême. Et il suffit de changer l'angle de son observation pour se retrouver ailleurs. Il s'agit d'un texte important qui résonne étrangement, à la lumière de la physique quantique et des mathématiques de l'impossible. On sent poindre la thématique de « on a retrouvé Dieu » au travers des équations, un Dieu qui n'est pas celui de la Bible, mais une Intelligence Cosmique que d'autres appelleraient le Grand Architecte de l'Univers. Et Carter, qui est devenu Zbauka, le magicien de Yaddith, demande à l'Être, de l'aider à changer son angle d'observation pour revenir à Boston.

Joslan F. Keller

Joslan F. Keller est un romancier français né à Colmar (France) au milieu des années 60. Il est l'auteur de deux romans de la série jeunesse Via Temporis et de deux ouvrages sur des affaires irrésolues, les *Dossiers inexpliqués*.

Ayant d'abord cherché sa voie dans le journalisme et la production de films, Joslan F. Keller baigne aujourd'hui dans le milieu de la communication et des nouvelles technologies, « travaillant le jour, écrivant la nuit ».

Keller est un amateur de musique rock et de mystères irrésolus. Grand voyageur dans l'âme, il entreprend souvent des expéditions sur des sites historiques bien réels afin de confirmer sur le terrain les conclusions des enquêtes qu'il mène en amont sur Internet.

En 2011, il publie le premier tome de la saga *Via Temporis* qui met en scène deux jeunes étudiants parisiens voyageant dans le temps pour résoudre des énigmes historiques. Cette première aventure prend pour décor la Révolution française. L'année suivante, il sort le tome 3 de la série qui entraîne les personnages dans la Rome antique de Néron.

En 2014, Joslan F. Keller délaisse la littérature jeunesse pour donner corps à un nouveau projet, réservé à un lectorat adulte : les *Dossiers inexpliqués*, une compilation d'affaires non élucidées à travers les époques et les continents, souvent méconnues mais parfaitement authentiques. En novembre 2015, il publie le tome 2 des *Dossiers inexpliqués* préfacé par Yves Lignon.

Il nous livre ici une étude d'autant plus intéressante que, si l'on en croit Colin Wilson (*Le Retour des Lloigors*, 1969), le *Manuscrit Voynich* ne serait autre que Le *Necronomicon*. Un manuscrit qui serait passé entre les mains du magicien de la Reine Élisabeth I, John Dee, qui lui-même, d'après Lovecraft, aurait traduit en anglais quelques pages du dit *Necronomicon !* Lovecraft (*Histoire du Necronomicon*, 1927). Le monde des « libermaleficonautes » est petit... (NDE)

Mesdames, Messieurs,

C'est avec grand plaisir que je m'adresse à vous cet après-midi et j'en profite pour remercier d'emblée les organisateurs de ce premier salon pour leur amicale invitation.

En tant qu'auteur de deux ouvrages intitulés *Dossiers Inexpliqués*, consacrés à des affaires authentiques qui résistent à toute explication rationnelle, je ne pouvais pas échapper au dossier du manuscrit Voynich qui est un modèle du genre.

En effet, avec le manuscrit Voynich, **nous avons affaire à un document exceptionnel, qui ne ressemble à rien de connu**. Apparemment rédigé au XVe siècle, découvert en 1912, son contenu nous demeure toujours inaccessible. Nous ignorons aussi bien l'auteur du manuscrit que la langue dans laquelle il a été écrit et la nature exacte de son contenu.

Je vous propose donc un **examen de ce dossier en trois temps** : d'abord, un survol du manuscrit sur la forme et le fond, puis un bref rappel historique avec les données dont nous disposons à ce jour et enfin une mise en perspective des principales pistes d'interprétation possibles.

Le manuscrit de Voynich n'a pas le monopole du mystère

Il existe bien d'autres documents exceptionnels ou mythiques qui fascinent chercheurs et passionnés depuis longtemps. Je pourrais vous parler de livres fictifs maudits comme le *Necronomicon* de Lovecraft, le *Grimoire Stein* de l'écrivain belge Jean Ray ou le *Culte des Goules*, un canular littéraire que l'on doit à Robert Bloch. Mais pour rester dans la réalité, voici trois exemples célèbres de documents toujours pas déchiffrés

Le **disque de Phaistos**, un disque d'argile cuite, a été découvert en 1908 par l'archéologue italien Luigi Pernier sur le site archéologique d'un palais minoen en Crète et qui pourrait dater du 2e millénaire avant J.C. D'un diamètre de 16 cm, cet objet de forme circulaire est couvert sur ses deux faces de 241 signes dont la signification nous reste inconnue (s'agit-il d'ailleurs d'un texte ?). L'usage du disque, unique en son genre, et même son lieu de fabrication et son authenticité alimentent de nombreuses théories.

De même, le **Codex Rohonczi**, un manuscrit de 448 pages d'origine austro-hongroise dont le contenu n'a pas été décrypté. Les Roumains s'en servent pour attester une éventuelle existence d'une écriture dace, les Daces étant dans l'imaginaire historique roumain ce que sont pour nous les Gaulois.

Troisième exemple, le **Code du Copiale**, un manuscrit chiffré de 75 000 caractères sur 105 feuillets dont on ignorait même l'existence dans le grand public avant qu'une équipe internationale ne déclare l'avoir décodé en 2011. Retrouvé après la Seconde Guerre Mondiale dans les archives de Berlin-Est, propriété d'un collectionneur privé, le manuscrit décrit au début un rituel initiatique au sein d'une société secrète. Le manuscrit tire son nom d'une des deux seules inscriptions non codées : « Copiales ».

Le manuscrit de Voynich : analyse sur la forme et le fond

Sur la forme

Concrètement, le manuscrit se présente comme un **livre de 234 pages** ayant la même taille : 15 cm de large et 23 cm de haut. Il a été constaté que 42 pages manquaient à l'appel. Chacune des pages est en **vélin,** c'est-à-dire en peau de veau mort-né, réputée pour sa finesse et travaillée en parchemin de qualité supérieure.

Le texte dans une langue inconnue ainsi que le contour des figures ont été **tracés à la plume d'oie**. Les couleurs apposées sur les dessins l'ont été après la rédaction du texte.

Sur le fond

Le « Voynich » est un ouvrage déroutant. Se plonger dans ce manuscrit, c'est entrer dans un **univers surréaliste** qui intrigue autant qu'il laisse perplexe. Très vite, on s'aperçoit que l'on est face à une somme de connaissances énigmatiques où se mêlent des éléments d'astronomie, de cosmologie et peut-être de balnéothérapie. Certains y ont même vu, au fil des pages, des recettes de cuisine !

Les illustrations du manuscrit s'avèrent posséder une utilité pratique : elles servent en effet à segmenter le manuscrit en plusieurs sections distinctes. Et, à partir de là, plusieurs thèmes se détachent nettement :

– **l'herboristerie** : dans un style qui rappelle les herbiers européens du XVe siècle, de nombreuses illustrations de plantes étranges, à raison d'une à deux par page.

– **l'astronomie** : l'identification d'astres (soleils, lunes, étoiles) couplée avec les douze diagrammes du Zodiaque. Chaque symbole du Zodiaque est accompagné de 30 figures féminines, souvent nues, qui portent chacune une étoile avec une légende. Les pages du Verseau et au Capricorne sont manquantes.

– la « **balnéothérapie** » : que penser de ces illustrations de femmes nues, dont certaines portent une couronne, qui se baignent dans des bassins ou évoluent dans un réseau sophistiqué de tubes ? Le texte qui les accompagne vante-t-il les vertus de l'eau pour la peau ou bien s'agit-il d'un traité de biologie, les tuyaux représentant en réalité les organes du corps ?

– la **cosmologie** : cette section aux diagrammes circulaires sibyllins comprend également des pages dépliables. L'une d'entre elles couvre même 6 pages et présente les cartes de neuf îles reliées entre elles par des voies et ornées de châteaux.

– la **pharmacologie** : des dessins de plantes agrémentés d'une légende. Ces figures se focalisent sur des parties de végétaux (feuilles, racines, etc.) et voisinent avec des dessins de pots : s'agit d'un manuel d'apothicaire ?

Un manuscrit qui a traversé les siècles

Il surgit à Prague en 1639...

Sur le plan historique, la première personne connue à avoir détenu le manuscrit s'appelle **Georg Baresch.** C'était un alchimiste vivant à Prague dans la première moitié du XVIIe siècle. En 1639, il écrit à l'une de ses relations, Athanasius Kircher, un savant jésuite issu du collège romain qui travaille sur la langue copte et les hiéroglyphes égyptiens. Dans sa longue lettre en latin, retrouvée en 2010 et aujourd'hui archivée à l'Université Pontificale grégorienne de Rome, Baresch évoque sa perplexité devant l'un des ouvrages de sa bibliothèque, qui lui semble indéchiffrable. C'est la *première allusion historique au manuscrit.*

Baresch envoie des copies du manuscrit à deux reprises à Kircher, mais celui-ci ne peut avancer d'explication plausible. Lorsque Baresch meurt, peu avant 1662, c'est **son ami Jan Marek Marci,** proviseur à l'Université Charles de Prague, qui hérite du manuscrit.

Or, Marci est un ami de longue date de Kircher. Les deux hommes vont s'écrire souvent : de leurs échanges écrits entre 1640 et 1665, pas moins de 37 lettres nous sont parvenues. **En 1665, Marci envoie le manuscrit à Kircher, peut-être en témoignage d'amitié**. Il joint une lettre dans laquelle il explique que le docteur Raphaël Mnishovsky, tuteur en langue tchèque de Ferdinand III (empereur du Saint-Empire romain germanique de 1637 à 1657) lui a raconté que c'est en fait Rodolphe II, empereur romain germanique de 1576 à 1612 qui a acheté le manuscrit à un « messager inconnu ».

Mnishovsky était convaincu que le véritable auteur **était le philosophe, savant et alchimiste anglais Roger Bacon.**

De son côté, en l'absence de preuve, Marci ne se prononce pas. On sait que par la suite il a relancé deux fois Kircher en 1666 et en 1667 pour savoir s'il avait progressé dans le décryptage du manuscrit, mais on ignore si Kircher lui a répondu.

… et on le retrouve aux États Pontificaux

Par la suite, la trace du manuscrit se perd dans le temps durant deux siècles, mais selon des recherches récentes, le manuscrit aurait été apparemment conservé avec la correspondance de Kircher, dans la bibliothèque du Collège romain (aujourd'hui **Université pontificale grégorienne).**

Le manuscrit n'en bouge pas jusqu'à ce que les troupes de Victor-Emmanuel II d'Italie annexent les États pontificaux en 1870. La bibliothèque du Collège romain fait partie des nombreux biens de l'Église confisqués par le nouveau pouvoir, mais le manuscrit est transféré juste à temps dans une bibliothèque privée de l'université. Pour preuve, on retrouve sur le manuscrit **l'ex-libris de Petrus Beckx** qui, à cette époque, était à la fois proviseur de l'Université et Supérieur général de la Compagnie de Jésus.

En 1866, cette même compagnie de Jésus avait acquis la **Villa Mondragone**, à 20 kilomètres environ au sud-est de Rome pour en faire un pensionnat. C'est là qu'en 1870, on y déménage la précieuse bibliothèque privée de Beckx avec le mystérieux manuscrit. On n'entend plus parler jusqu'en 1912 lorsque les Jésuites laissent entendre, dans la plus grande discrétion, qu'ils vont vendre certains de leurs biens pour financer la restauration de la Villa Mondragone.

L'entrée en scène d'un bibliophile polonais

C'est là que surgit dans notre récit un **bibliophile polonais émigré aux États-Unis**. Celui-ci, alerté de l'occasion, décide de se rendre en Italie et il réussit à acheter pas moins de trente manuscrits, dont celui qui va porter désormais son nom. Vous l'aurez deviné, l'homme en question s'appelle **Wilfrid Michael Voynich.**
Né en Biélorussie, membre du mouvement prolétaire polonais, il doit fuir à Londres en 1890 puis s'littalle à New York à la fin du 19e siècle avec sa femme, la romancière Ethel Lilian Voynich, qui, au passage, est la fille du célèbre mathématicien George Boole.

À l'intérieur du livre qu'il a acheté, Voynich trouve une lettre de Johannes

Marci à Athanasius Kircher, datée de 1666. Pour une raison inconnue, le bibliophile attend 1921 pour présenter le mystérieux manuscrit dans sa ville de Philadelphie, mais il n'en dévoile pas la provenance. Seule son épouse est au courant.

La succession de Voynich

À la mort de Voynich en 1930, **sa veuve Ethel hérite du manuscrit** qu'elle conserve jusqu'à sa mort en 1960. Elle le lègue alors à son amie proche, Mlle Anne Nill, qui, dès 1961, le revend à un marchand de livres anciens, Hans P. Kraus. En 1962, celui-ci fait une description du manuscrit sur son catalogue de vente et tente de le revendre à son tour. En vain, étrangement le manuscrit ne semble n'intéresser personne (à moins que le prix qui en est demandé soit jugé trop excessif). Aussi, en 1969, Kraus se résout à en faire don à l'université de Yale (Connecticut, États-Unis) où il est conservé depuis lors **dans la Bibliothèque Beinecke, sous le code de classification MS 408.**

En France, il faudra attendre octobre 2005 pour qu'un éditeur, Jean-Claude Gawsewitch, publie pour la première fois le manuscrit dans son intégralité.

Un document encore plus ancien qu'on ne le croit

Comme je l'ai dit, la première mention écrite du manuscrit de Voynich remonte à 1639, mais en fait, l'ouvrage lui-même est **beaucoup plus ancien**. Certaines illustrations du manuscrit, comme deux châteaux et les vêtements des personnages, ont permis aux experts d'identifier un style européen remontant à une **période comprise entre 1450 et 1520.**

Récemment, en 2011, l'équipe de Greg Hodgins de l'Université d'Arizona a analysé au carbone 14 quatre éléments distincts du manuscrit. Sa conclusion est sans appel : le parchemin, qui a servi de support au texte, **a été fabriqué au XVe siècle, entre 1404 et 1438.**

Mais un autre expert, Daniel Stolte, a rétorqué que cela ne prouvait qu'une chose, la date vers laquelle étaient morts les veaux dont la peau a servi à faire le parchemin ! Comme il est impossible de dater les encres, il est très possible que le manuscrit ait été rédigé **bien après la confection du parchemin.**

Un auteur qui demeure dans l'ombre

Au-delà de la nature même du manuscrit, se pose la **question de sa paternité.** La quête de l'auteur du manuscrit Voynich, **c'est une vraie partie de Cluedo** ! Impossible de citer tous les « suspects », je vais juste m'attarder sur les personnalités les plus souvent suggérées.

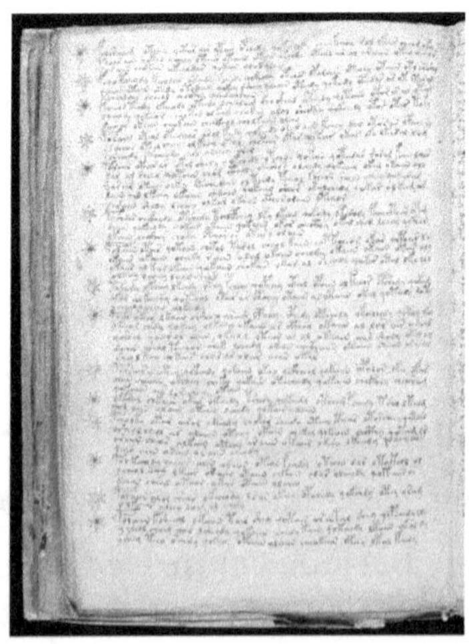

Le philosophe anglais Roger Bacon ?

C'est l'identité mentionnée par Marci dans sa lettre de 1665 à Kircher qui fait état de la conviction profonde du docteur Raphaël Mnishovsky. L'ouvrage serait de **Roger Bacon** (1214-1294). Voynich, lorsqu'il récupère le manuscrit, considère cette thèse plus vraisemblable, au point que sa force de conviction influence fortement les chercheurs. Sauf que la date mesurée du manuscrit serait deux siècles plus tardive. Consultés, des spécialistes de Bacon ont réfuté cette hypothèse de paternité.

Le mathématicien John Dee ?

Celui qui aurait pu vendre le manuscrit à l'empereur Rodophe II, c'est sans doute John Dee. Cet énigmatique personnage anglais (1527-1608 ou 1609), réputé comme l'un des hommes les plus cultivés de son époque, était tout à la fois un mathématicien, un astrologue, un astronome et un occultiste. Astrologue à la cour de la reine Elizabeth 1ère, **qui était réputée pour posséder une belle collection de manuscrits de Roger Bacon !**

John Dee eut des entretiens privés avec certains souverains européens pour leur parler de ses recherches ésotériques et on sait avec certitude qu'il rencontra l'empereur Rodolphe II à qui il espérait vendre ses services… À défaut d'un emploi, a-t-il réussi à vendre un manuscrit de Bacon en sa possession, voire à faire passer pour une œuvre de Bacon un livre qu'il aurait élaboré lui-même ?

L'alchimiste Edward Kelley ?

John Dee a beaucoup écrit sur son acolyte, l'alchimiste et médium **Edward Kelley (1555-1597)** et ses prétendus pouvoirs magiques : Kelley savait invoquer les anges à l'aide d'une boule de cristal et transformer du cuivre en or à l'aide d'une poudre secrète. Il avait convaincu John Dee que le langage des anges était l'énochien, c'est-à-dire la langue d'Enoch, le père de Mathusalem. **Ayant inventé cet alphabet « énochien », pourquoi n'aurait-il pas également conçu un autre alphabet imaginaire, celui du manuscrit Voynich ?**

A-t-il trompé Dee sur la vraie nature du manuscrit ou bien les deux hommes se sont-ils associés pour monter de toutes pièces une arnaque et récupérer de l'argent auprès d'un acheteur crédule ?

C'est, en tout cas, la thèse défendue par Gordon Rugg, professeur au département de mathématiques et d'informatique de l'université de Keele, en Angleterre.

Cette **théorie des deux auteurs complices** va de pair avec les travaux des cryptographes qui ont longtemps fait observer que les écritures différentes pouvaient laisser penser que plusieurs auteurs avaient écrit sur le même manuscrit. Mais les expertises récentes sur l'écriture vont désormais plutôt en direction de la thèse **d'un seul auteur**, mais ayant écrit à des périodes différentes avec une évolution visible du style.

Le marchand Wilfrid Voynich lui-même ?

Voynich n'a pas échappé à la suspicion. Il était marchand de livres anciens et avait accès à la connaissance et aux techniques pour **forger un faux manuscrit**. En affirmant que l'ouvrage était de Bacon, il ne faisait qu'accroître le potentiel commercial de son bien.

Sauf que la lettre de 1639 de Baresch à Kircher vient contredire cette hypothèse. Pourquoi aurait-il produit cette lettre s'il voulait jouer au faussaire ?

L'herboriste Jacobus Sinapius ?

En 1921, on a décelé sur la première page du manuscrit des annotations quasi illisibles qui ont révélé le nom de « Jacobj `a Tepenec », le nom d'un personnage plus connu sous le nom latin de Jacobus Sinapius. C'était le docteur personnel de l'empereur Rodolphe II et... **un spécialiste en herboristerie !**

Pour Voynich, cette découverte démontrait que Jacobus Sinapius avait possédé l'ouvrage avant Baresch et cela donnait un crédit certain à la version de Raphaël Mnishovsky. De là à penser que Jacobus Sinapius était lui-même l'auteur du manuscrit…

Sauf que la signature décelée sur le manuscrit ne ressemble pas du tout aux autres signatures connues de Jacobus ! Dans ce cas, c'est peut-être une **simple annotation de la part d'une personne ayant eu accès au**

manuscrit et qui se serait informé sur la période de Rodolphe II (Kircher par exemple ou Voynich qui aurait altéré le manuscrit pour renforcer la thèse de paternité de Bacon).

Le médecin Jan Marci ?

Ayant abandonné sa formation de prêtre en 1618 pour se consacrer à la médecine, Jan Marek Marci a échangé durant près de trente ans avec Kircher. Une théorie voudrait que Marci n'ait pas apprécié le rôle joué par le jésuite dans la fusion de l'université Charles avec le collège Clementinum dirigé justement par les Jésuites. Marci, spécialiste de médecine, de mécanique, mais aussi d'épigraphie, aurait alors inventé le manuscrit de Voynich pour le soumettre à Kircher afin qu'il le traduise et **le déconsidérer ensuite en révélant l'imposture**. Kircher était peut-être crédule, mais Marci n'était pas haineux envers les Jésuites, il fut même nommé membre honorifique de la Compagnie de Jésus peu avant sa mort en 1667.

Cela dit, l'existence même de Georg Baresch ne repose que sur trois missives envoyées à Kircher, dont deux furent en fait transmises par Marci en personne... Qui ne dit que celui-ci n'aurait pas inventé le nom de Baresch ?

Raphaël Mnishovsky ?

Une autre supposition a visé l'ami de Marci, à savoir Raphaël Mnishovsky. Celui-ci avait mis au point vers 1618 **une méthode de cryptage dont il affirmait haut et fort l'inviolabilité**. Il aurait créé le manuscrit de Voynich pour prouver la solidité de son concept et & en quelque sorte son expérience de cryptographie. Une thèse séduisante, mais hélas qui n'est étayée par aucun élément tangible.

Anthony Ascham ?

C'est un chercheur en cancérologie, passionné de cryptologie, le docteur Leonell Strong, qui a attiré l'attention dans les années 1940 sur un autre auteur anglais. Il a fait remarquer que le texte en clair présentait de grandes similitudes avec un manuscrit du XVIe siècle, ***A Little Herbal***, **publié en 1550 par l'auteur anglais Anthony Ascham**. L'hypothèse de Strong éclaire peut-être le contenu botanique du manuscrit, mais quid du reste du manuscrit ?

L'architecte Le Filarète ?

En 2006, un auteur, Nicholas John Pelling, a publié un ouvrage dans lequel il avance que le manuscrit est l'œuvre du Filarète (Antonio Averlino), un architecte et explorateur italien de la Renaissance qui aurait voulu **ramener des savoirs secrets de l'Empire Ottoman et les aurait codés dans un manuscrit compréhensible de lui seul.** Disons-le, c'est une théorie peu convaincante…

Une finalité inexpliquée

Si l'auteur du manuscrit demeure énigmatique, il en va de même pour son contenu. L'expert ou le simple curieux ressent finalement la même impression : le manuscrit est une incroyable compilation de connaissances.

Au vu des illustrations très descriptives, tout porte à croire que ce livre était voué à divulguer des informations et avait une vocation **peut être encyclopédique.** Mais s'agit-il d'un guide, d'un mode d'emploi, d'un traité ?

Un herbier ?

La première partie du livre traite du règne végétal et ressemble fort à un herbier. Sauf qu'hormis deux ou trois fleurs, comme une fougère ou une pensée, **aucun spécimen n'a été clairement identifié par les botanistes...** Plus déroutant, les schémas de plantes semblent montrer des plantes « mutantes » issues de manipulations hybrides : la tige et les feuilles d'une espèce sont unies aux racines d'une autre et donnent naissance aux fleurs d'une troisième espèce. Et si le manuscrit de Voynich était **un traité révolutionnaire de génétique** ?

Un précis astrologique ?

Des auteurs sont allés plus loin en voyant dans le manuscrit une sorte **d'herbier astrologique**. À l'époque où le livre est supposé avoir été écrit, il était fréquent d'associer les configurations des astres avec la cueillette des herbes médicinales et d'autres pratiques de pharmacopée. Mais personne n'est arrivé à décrypter les liens entre les illustrations de botanique et les signes zodiacaux.

Un manuel d'alchimie

Le manuscrit de Voynich n'a pas échappé à la thèse alchimiste. Mais, si tel est le cas, la réalisation du Grand Œuvre des maîtres initiés décrite dans le livre **ne semble pas suivre les règles habituelles de la discipline**. Nulle part, on ne trouve d'indications sur la préparation de composants médicaux, ni aucun de ces symboles ou références que l'on trouve dans tous les grimoires d'alchimie : croix, cercle, crapaud, homme mort…

Ou alors faut-il imaginer que la pierre philosophale ne puisse être obtenue qu'avec **la conjonction de trois éléments** : des fluides de jeunes femmes, des concoctions de plantes et une configuration astrale unique ?

Un essai scientifique ?

Dans le folio 68r du manuscrit, on trouve trois pages qui présentent un diagramme atypique, un objet de forme irrégulière avec des extensions courbées, qui fait immanquablement songer **à l'image d'une galaxie telle qu'on peut l'observer avec un télescope.**

Sur d'autres pages, on pourrait prendre des dessins pour des **cellules vues à l'aide d'un microscope.** Que faut-il en conclure ? Qu'il s'agit d'une interprétation excessive de **schémas plutôt vagues** ou que le manuscrit décrit des **travaux scientifiques plus récents** que ne pourrait laisser supposer l'âge du parchemin ?

Une langue inconnue non déchiffrée

Si le contenu du manuscrit s'avère aussi abscons, c'est qu'on ignore toujours dans quelle langue il est rédigé. Voyons d'abord ce qu'ont identifié les spécialistes de linguistique qui ont étudié le document.

- Le texte est composé de plus de 170 000 glyphes, séparés les uns des autres par de très fins espaces qui composent environ 35 000 mots.
- L'alphabet du manuscrit aurait entre 20 et 30 « lettres » sous forme de signes.
- L'écriture semble s'afficher de gauche à droite, avec une marge à droite, avec des paragraphes de taille variable.
- **Un point étonnant : il n'y a aucun signe de ponctuation.** De même, le texte semble redondant, car certains mots figurent parfois trois fois à la suite, mais très rarement dans les légendes des illustrations.
- Quant au « **ductus** », c'est-à-dire sur l'ordre et la direction selon lesquels on trace les traits qui composent la lettre, il apparaît

fluide. Par conséquent, le rédacteur **comprenait parfaitement ce qu'il était en train d'écrire.**

Une langue naturelle exotique?

Le langage du manuscrit de Voynich révèle des **caractéristiques semblables aux langues naturelles,** comme la fréquence des mots ou bien l'entropie de chaque mot (quantité d'information de chaque mot).

Mais le langage ne comporte pratiquement **aucun mot de plus de dix lettres**, et presque aucun mot de moins de trois lettres.

De plus, les distributions des lettres à l'intérieur d'un mot sont inhabituelles par rapport aux langues occidentales. On voit ainsi certains caractères n'apparaître qu'au début d'un mot, d'autres seulement au milieu, et d'autres seulement à la fin… **Ce qui rapproche le langage de l'araméen, de l'hébreu ou de l'arabe,** mais l'éloigne du grec, du latin et du cyrillique.

Pour le linguiste Jacques Guy, le manuscrit de Voynich pourrait être **un langage naturel exotique, mais écrit avec un alphabet inventé**. La structure des mots du manuscrit serait assez semblable à des langues asiatiques comme le sino-tibétain (chinois, tibétain et birman), le vietnamien, le khmer et peut-être le tai (thaï, lao, etc.), des langages dans lesquels les mots n'ont qu'une syllabe avec une structure plus riche, permettant des nuances.

Des explorateurs ou des missionnaires auraient-ils pu écrire un tel manuscrit, voulant rédiger en langue phonétique un texte issu d'une langue asiatique difficile à comprendre en Occident?

Ça expliquerait les propriétés statistiques du texte (on trouve des mots doubles ou triples dans des textes chinois et vietnamien) et justifierait aussi bien l'absence de signes de ponctuation que le graphisme très exotique des illustrations.

Mais là encore, jamais personne, pas même des scientifiques chinois à qui l'on a soumis le texte, **n'a trouvé de trait significatif de la symbolique ou de la science chinoise** dans le manuscrit de Voynich…

Un texte sacré ?

Citons pour mémoire la théorie quelque peu fantaisiste d'un certain Leo Levitov qui écrit un livre en 1987, pour faire du manuscrit de Voynich un texte ésotérique liée à la religion cathare ! Pour lui, le texte est la transcription d'une « langue orale polyglotte » destinée à ceux qui savaient lire le latin, mais sans le comprendre. Après des travaux de déchiffrement, il conclut que le langage est un mélange de **néerlandais médiéval, d'ancien français et de vieux haut-allemand**.

Levitov établit un rapport complexe entre la foi cathare (dont la nature même n'est pas complètement déterminée), le rite d'automutilation d'Endura et le culte d'Isis. Dans ce contexte, les plantes imaginaires du manuscrit ne seraient pas des fleurs, mais des **symboles secrets de la foi.**

Autant dire que **cette thèse a été rapidement combattue sur plusieurs points** : d'abord, la foi cathare n'a jamais été associée à Isis, c'est un gnosticisme chrétien. Le rite d'Endura consistait en un jeûne et non en une automutilation mortelle. Enfin, une telle hypothèse voudrait dire que le livre date du 12e ou du 13e siècle, soit bien avant l'origine la plus ancienne actuelle qu'on lui attribue.

Un code à décrypter ?

Si le langage du manuscrit n'est pas une langue, **peut-il s'agir alors d'un code ?** Pour de nombreux experts, le manuscrit de Voynich est bien écrit dans une langue européenne connue, mais il a fait l'objet d'un codage au moyen d'un chiffrement. Reste à savoir la nature du code en question.

Un chiffrement complexe ?

A priori, il ne s'agirait pas d'un **chiffrement simple par substitution de lettres**, car ce type de cryptage, comme le chiffre de César, est trop facile à « casser ».

En revanche, ce pourrait être un **chiffrement polyalphabétique**, à l'image de ceux inventés par Alberti dans les années 1460. On pense au chiffre de Vigenère (du nom d'un diplomate français du 16e siècle), un chiffrement par substitution dans lequel une même lettre du message en clair peut, suivant sa position dans celui-ci, être remplacée par des lettres différentes.

Parmi les autres hypothèses soulevées, on a supposé que **les voyelles avaient été juste supprimées avant le codage,** mais cette théorie débouche sur tant de reconstitutions arbitraires qu'elles en perdent toute crédibilité.

Des cryptologues américains de la NSA ont également suggéré que le texte pouvait contenir **des séries de préfixes avant tous les mots** permettant de les classer dans des catégories, à l'instar des livres dans les bibliothèques qui sont rangés selon des nomenclatures. Toujours dans l'idée d'un codage, les mots du manuscrit de Voynich seraient cryptés de telle sorte qu'il faudrait un **ouvrage additionnel, comme un dictionnaire, pour**

les décoder.

Mais peu probable, car ce type de cryptage s'applique surtout à des messages. Or le manuscrit de Voynich est un document de plusieurs centaines de pages.

Un code visuel ?

Dans son ouvrage *Pandora's Hope,* publié en 2004, James Finn suggère que le manuscrit de Voynich serait en réalité de **l'hébreu visuellement codé.** Après avoir transcrit correctement les lettres du manuscrit, quantité de mots peuvent être lus comme des mots hébreux qui se répéteraient avec des distorsions pour égarer le déchiffreur.

Cette hypothèse est séduisante, car elle expliquerait les échecs des méthodes de pure mathématique, mais elle supposerait une charge de travail si grande pour le décryptage du texte, notamment en raison des multiples interprétations visuelles, soumises à l'arbitraire du déchiffreur, qu'elle en devient peu réaliste.

On pourrait suggérer alors qu'en vérité, le texte en lui-même n'a aucun sens, mais qu'il **constitue un écran visuel** dans lequel sont dissimulées des informations.

Ce procédé ancien, et très connu en chiffrement, s'appelle la **stéganographie**. Vous regardez une image apparemment anodine et l'on vous donne une clé ou une grille spécifique qui transforme cette image en texte.

De nos jours, des logiciels permettent cette transformation très facilement. Mais dans le cas du manuscrit de Voynich, cela reste très difficile à prouver comme à réfuter. En général, les messages secrets sont cachés dans des supports ordinaires, justement pour ne pas dévoiler leur présence.

Or, le manuscrit de Voynich est **loin d'être un livre ordinaire**…

Et si le code se trouvait dans l'écriture elle-même ? Ce serait la longueur ou la forme du trait d'écriture qui dévoilerait le sens du texte. Une méthode connue consiste, par exemple, à **introduire ici et là des lettres en italiques** dans un texte composé de caractères droits. En réunissant toutes les lettres en italiques, on découvre le message caché. Mais, pour le manuscrit de Voynich, l'étude de l'écriture, fluide et naturelle, n'a rien révélé de spécial.

Un livre extraterrestre ?

Je fais allusion aux articles de presse qui ont été publiés à l'été 2016, disant qu'un livre « extraterrestre » allait être imprimé en Espagne. Un titre excessif pour dire seulement que le manuscrit de Voynich allait donner naissance à un fac-similé commercialisé à quelques centaines d'exemplaires à prix élevé.

Peut-être le manuscrit a-t-il été rédigé par une main non humaine, celle d'un extraterrestre ou d'une entité divine. Mais son support, lui, reste **bien terrien** !

Il est vrai que les thèses fantaisistes n'ont pas manqué sur le sujet comme le rappelait Paul Molga dans les Echos le 31 juillet 2015 : journal intime d'un extraterrestre, recette d'une potion contraceptive, récit d'une guerre religieuse en Ukraine, abrégé de jeûne purificateur, testament elfique… Il y en a pour tous les goûts !

Juste un immense canular ?

Il y a une hypothèse qu'on ne peut pas écarter : celle qui voudrait que le manuscrit de Voynich ne soit qu'une **vaste fumisterie**. Il est vrai que l'étrangeté du texte, comme le triplement de certains mots, ou le contenu incompréhensible de la plupart des illustrations conforteraient cette option.

C'est l'opinion, notamment, de Sergio Toresella, un spécialiste italien des herbiers, qui a décrété que **le manuscrit était en réalité une simple imitation, mais très sophistiquée d'un livre médica**l en plusieurs parties destiné à leurrer un client trop naïf. Autrement dit, un attrape-gogo littéraire signé par un habile charlatan. Selon Toresella, il y avait même au 15ᵉ siècle, au nord de l'Italie dans la région de Venise, **une petite industrie familiale qui prospérait sur la production de faux manuscrits.** Toutefois, ces « faux » étaient très différents et le plus souvent écrits en langage courant.

En 2003, l'informaticien Gordon Rugg est parvenu à produire un texte semblable au manuscrit de Voynich en reprenant les principes de sélection et de combinaison de préfixes, radicaux et suffixes de mots d'un vieux système de chiffrement déjà en usage vers 1550 et connu sous le nom de grille de Cardan. La ressemblance porte avant tout sur l'aspect visuel du texte.

Cela ne prouve pas que le manuscrit est un canular, mais démontre qu'avec les techniques de l'époque et un peu de culture scientifique, **il était possible de forger en quelques mois un texte ayant des propriétés statistiques particulières.**

Ce qui nous ramène à Edward Kelley et John Dee, réputés pour leurs arnaques, qui avaient par ailleurs mis au point le langage imaginaire des anges, l'énochien…

Pour Gordon Rugg, donc, il faut se résoudre à une conclusion décevante : en l'absence de toute solution valable, le manuscrit de Voynich ne serait rien d'autre qu'un **attrape-nigaud.**

Pour autant, selon des chercheurs anglais et argentins, le livre médiéval contiendrait un authentique message. Dans une étude de 2013, Marcelo A. Montemurro de l'université de Manchester et Damián H. Zanette du Conseil national d'investigations scientifiques et techniques d'Argentine, expliquent avoir étudié le document avec des méthodes venant de la théorie de l'information et y avoir trouvé des modèles linguistiques. Pour eux, la distribution des mots est compatible avec une langue réelle et les preuves s'accumulant au sujet de l'organisation à différents niveaux du manuscrit suggèrent la présence d'une réelle structure linguistique.

Un texte aztèque ?

Au printemps 2014, le professeur Stephen Bax de l'Université de Bedfordshire a déclaré avoir découvert la signification de 14 symboles, tel celui de la centaurée connue pour être une plante médiévale. Et en comparant les 303 plantes dessinées de l'herbier de Voynich avec sa collection de traités mexicains des végétaux, le botaniste Arthur Tucker de l'université du Delaware a trouvé 37 correspondances avec des plantes qui ont poussé au XVe siècle dans une région du sud du continent nord-américain, entre Mexique au Texas.

Cette période coïncide d'ailleurs avec la datation au carbone 14 du manuscrit en 2011 par l'équipe de Greg Hodgins de l'université de l'Arizona : précisément entre 1404 et 1438. Peut-être que le manuscrit de Voynich aurait été écrit dans l'un des trente dialectes de l'aztèque. Mais personne ne sait lequel, ni comment un tel livre aurait atterri à Prague au XVIIe siècle.

Le Codex Seraphinianus

Je ne pouvais pas conclure cette intervention sans vous dire que le manuscrit de Voynich a inspiré des dizaines de romans, des bandes dessinées, des films et séries télévisées, des morceaux de musique, des jeux vidéo et même des artistes contemporains.

C'est le petit frère du Voynich ! Le **Codex Seraphinianus** a été écrit à la fin des années 70 par l'Italien Luigi Serafini (au moins connaît-on son auteur !). Ce serait une sorte d'encyclopédie extravagante composée de 11 chapitres traitant de la nature, des hommes, mais aussi des mathématiques et de l'architecture. On y trouve des écrits, des citations, des analyses philosophiques et des dessins surréalistes dont personne n'a réussi à comprendre le sens jusqu'ici.

Un seul indice laissé par Luigi Serafin, une courte phrase en français : « Fille orgiaque surgie et devinée, le premier jour sur la digue de Balbec ». Pour certains, cette phrase serait une description de l'Albertine de Proust.

Conclusion

Au final, le mystère autour du manuscrit de Voynich reste entier. Régulièrement, certains affirment avoir trouvé la clé. Mais les différentes thèses qui s'affrontent ne permettent pas de se prononcer sur sa nature réelle. Et il est à redouter que l'identité de son (ou de ses auteurs) nous demeure à jamais inconnue.

Je vous remercie de votre attention.

Jocelin Morisson

Journaliste scientifique indépendant depuis plus de vingt ans, Jocelin Morisson a collaboré à de nombreuses revues et magazines (Inexploré, Le Monde des religions, Nouvelles Clés, La Vie, VSD hors série, Nexus). Il est également auteur et coauteur de plusieurs ouvrages sur le thème des états modifiés de conscience et de la parapsychologie scientifique. Il est un spécialiste des expériences de mort imminente.

Il a récemment publié aux Éditions de la Martinière trois ouvrages sur ces thèmes, *Intuition et 6e sens : Une enquête aux frontières de la psychologie* (2013), *La voyance* (2014) et *L'expérience de mort imminente : Une enquête aux frontières de l'après-vie* (2015).

Des millions de témoins rapportent des expériences vécues au seuil de la mort. La science est impuissante à en saisir la pleine portée. L'expérience de mort imminente est avant tout une épreuve personnelle, au caractère profondément initiatique.

« Je me suis senti de plus en plus léger, je sortais de mon corps, je flottais, je n'avais plus conscience du personnel médical, j'étais détaché de tout cela. J'ai commencé à m'élever et au moment d'arriver près du plafond je me suis retourné et j'ai vu mon corps, avec le personnel médical autour qui pratiquait la réanimation. J'ai pris conscience que c'était moi dans ce lit, mais j'avais un détachement total par rapport à ce corps. » Cette première phase du témoignage de Nicolas illustre le ressenti singulier de celui qui vit l'expérience de mort imminente (EMI) : un détachement, au propre comme au figuré, une indifférence pour ce corps que l'on laisse comme un vieux vêtement, quand bien même on se serait identifié à lui toute sa vie. « Puis je me suis senti aspiré par je ne sais quoi. Je suis sorti de l'immeuble de l'hôpital ; je me rappelle la façade, mais ensuite il y a comme un trou noir, le néant. Je voyageais. J'ai vraiment eu l'impression d'être dans une sorte de tube, de tunnel, je me déplaçais, mais sans notion de distance ou de temps, avec le sentiment de m'approcher de quelque chose ou de quelqu'un. Soudain, j'ai perçu une très petite lueur, mais très forte, au milieu de rien, devant moi, et je m'en approchais. » Le témoin est aspiré, attiré par quelque chose, qui prend systématiquement l'aspect d'une lumière, là aussi d'une nature singulière puisqu'elle grandit, mais qu'elle… « ne m'éblouissait pas, bien qu'elle semblât mille fois plus forte que le soleil. Une lumière très blanche, très lumineuse, et au moment où cette lumière m'a entouré, j'ai eu un sentiment d'apaisement, de bien-être, et tout à coup une voix m'a interpellé, avec une question assez choquante. Je pense que cette lumière est une entité, un ange, je ne sais pas, mais c'est une entité très puissante. » La question « Que viens-tu faire là ? » s'accompagne souvent du message « Ton heure n'est pas venue », comme on peut s'en douter, car ceux qui témoignent, par définition, sont revenus de ce voyage extraordinaire qui va changer leur vie, leur système de valeurs et de croyances. Ont-ils pour autant franchi la limite ? Sont-ils revenus de l'au-delà ? La question, délicate, reste ouverte.

UNE CONSCIENCE HORS DU CERVEAU

En toute rigueur et sur le plan strictement médical, ceux qui reviennent ne sont pas morts. Ils ont été en état de mort temporaire, provisoire, en « mort clinique », dit la médecine. Le voyage est vécu pendant la période de réanimation, qui peut durer plusieurs minutes. Mais l'EMI elle-même n'a pas de durée ; elle semble éternelle, car le temps est figé. Certains voient toute leur vie défiler, avec les détails de scènes y compris oubliées. Comment cela est-il possible ? S'agit-il du baroud d'honneur d'un cerveau qui se vide de son sang ? En une vingtaine de secondes après l'arrêt du cœur, l'électroencéphalogramme (EEG) devient plat, nous dit la science. Or, le témoin a une parfaite conscience de lui-même, accède à ses souvenirs et même plus, mais il est en outre capable de percevoir son environnement, de décrire des objets, des situations et de rapporter des conversations. Pourtant, toutes ces fonctions sont d'habitude liées à l'activité du cortex cérébral, la couche externe du cerveau qui est la première privée de sang, donc de l'oxygène et du glucose indispensables à son fonctionnement. Le paradoxe majeur de ce vécu est que l'état de conscience n'est pas diminué, mais au contraire augmenté, alors même que le cerveau est dysfonctionnel. Nombreux sont les scientifiques et médecins qui reconnaissent qu'un tel cerveau ne devrait même pas être capable de produire la moindre hallucination. Que dire alors des cas où des détails précis ont pu être confirmés par les soignants ? De tels cas ont incité le Dr Sam Parnia, spécialiste en soins intensifs, à lancer une étude de vaste envergure dans une quinzaine d'hôpitaux, principalement en

Amérique du Nord et en Grande-Bretagne (étude *Aware*). La conclusion, provisoire, de quatre années de recueil de données sur les arrêts cardiaques est qu'un « état de conscience » se poursuit, mais qu'il n'est très probablement pas causé par l'activité cérébrale. En outre, Sam Parnia souligne qu'il est impropre de considérer la mort comme un « instant », alors qu'il s'agit davantage d'un « processus » qui dépend des tentatives effectuées pour maintenir la vie. Le processus reste donc réversible jusqu'à un certain point. Ce point correspond-il à la « limite » qui est ressentie par le témoin lors de son expérience, point de non-retour qui prend la forme symbolique d'une barrière, une rivière ou autre ? On est fondé à le penser, mais il faut du même coup admettre que l'expérience ne se déroule pas dans l'au-delà, mais dans une sorte de sas avant la véritable après-vie.

Au sein de l'échantillon étudié, l'article fait mention de 39 % de personnes qui rapportent des souvenirs d'un état de conscience plus ou moins précis de la période correspondant à l'arrêt cardiaque. Le contenu de ces souvenirs est beaucoup plus large que ce qui est classiquement associé a l'EMI. Un sous-ensemble de 9 % de patients relate cependant des souvenirs typiques d'une EMI (en particulier le déplacement à grande vitesse dans un tunnel, la vision d'une lumière apaisante, la rencontre avec des proches décédés, la sensation d'une présence bienveillante). Enfin, 2 % décrivent des perceptions compatibles avec la sortie du corps, à savoir le fait de voir et d'entendre des événements liés à la réanimation. Le Dr Parnia a retenu un cas jugé très probant dans lequel le patient décrit des éléments vérifiés *a posteriori* lors d'une période ou le cerveau était supposé ne pas fonctionner puisque le cœur était arrêté depuis plus de deux minutes.

UN RENVERSEMENT DE PERSPECTIVE

D'autres études scientifiques ont montré que les souvenirs d'EMI sont très différents de ceux issus de rêves ou d'hallucinations. Ils ont un impact durable et profondément marquant sur les témoins, au point de les amener à changer complètement de regard sur l'existence, mais aussi de métier et de relations. Ces expériences restent cependant un mystère tout aussi profond puisqu'il s'avère également que l'on peut vivre un état modifié de conscience de la même intensité, assorti des mêmes caractéristiques, sans pour autant frôler la mort. Plus incroyable encore, nous savons aujourd'hui qu'elle peut être partiellement vécue par ceux qui accompagnent un proche en fin de vie : la pièce semble se déformer et devient baignée d'une lumière, le temps se fige, un tunnel apparaît... Les proches ont le sentiment d'accompagner l'âme du défunt et peuvent éprouver l'expérience de façon collective. Que penser alors de ces vécus extraordinaires ? Les témoins d'EMI ou d'expériences ineffables autour de la mort sont convaincus, à titre personnel, que la mort n'est pas une fin, mais ceux qui veulent une « preuve scientifique » risquent d'attendre longtemps. Ces vécus échappent par définition à toute tentative d'objectivation, et la science ne peut qu'accumuler les témoignages. Un livre publié en 2016 — Voyages aux confins de la conscience — raconte les recherches effectuées avec un sujet doué pour la « sortie du corps » au sein de l'Institut suisse des Sciences Noétiques. Les résultats montrent que le phénomène est bien réel, mais qu'il est très difficile à contrôler. En outre, le sujet en question, qui n'avait aucun intérêt ni pour les religions, ni pour la spiritualité ou le new-âge, a été lui aussi transformé par ses expériences et il s'est même montré capable par la suite de transmettre des messages spirituels d'une grande profondeur et d'une grande beauté.

Ainsi, qu'on le veuille ou non, ces expériences sont intimement liées au questionnement spirituel de l'être humain, et il est impossible de les étudier sans prendre en compte cette dimension métaphysique. Les religions nous disent depuis longtemps que nous ne sommes pas nos corps, et les témoins d'EMI semblent éprouver directement cette réalité. On est fondé à revisiter les enseignements qui nous invitent à concevoir l'humain non plus comme un corps qui renferme un esprit, mais comme un esprit qui contient un corps. De sorte que notre être véritable dépasse les limites de la corporéité pour exister au sein d'un continuum qui le relie à sa source, avec laquelle il ne fait qu'un. Pour l'Occident sécularisé qui pensait en avoir fini avec toute forme de mysticisme, c'est là un défi en forme de provocation. Et en provoquant cette prise de conscience, précisément, l'EMI est une véritable initiation. Comme l'explique le journaliste et écrivain Patrice Van Eersel, l'EMI marque « l'irruption d'un mythe en pleine modernité ». Un mythe qui n'a rien d'une illusion, mais prend son sens véritable de « récit explicatif, fondateur d'une pratique sociale ». Bien entendu, et bien compris, ce mythe peut-il sortir le monde du marasme ? Certainement, mais seulement au prix d'une profonde remise en question sur les plans individuel et collectif.

Geneviève Béduneau

Ancienne élève de l'EPHE, titulaire d'une maîtrise de Philosophie de la connaissance à Paris X Nanterre et d'un doctorat de théologie orthodoxe qui portait sur une étude comparative des expériences visionnaires relatées dans les vies de saints mérovingiens et les témoignages similaires de notre époque, Geneviève Beduneau a longtemps enseigné à l'Institut Français de Théologie Orthodoxe de Paris (Histoire des Eglises).

Passionnée d'ufologie, grande figure intellectuelle de la culture alternative, elle a été associée à de nombreux travaux de recherche (Participation au séminaire CNRS de l'atelier dirigé par l'ethnologue Michel Boccara (1990-1993), diverses interventions dans le cadre du Centre Européen des Mythes et Légendes et publications régulières jusqu'à ce jour dans sa revue Liber Mirabilis.

Dans le cadre du projet ONIROS de l'European Association for the Study of dreams (EASD), elle est chargée des cours de formation en sociologie du rêve et histoire du rêve. Geneviève Beduneau est également intervenue sur RFI et France Culture (Chemins de la connaissance, Gai savoir). Elle est l'auteur de nombreux articles, publiés notamment dans Liber Mirabilis - La revue d'étude des civilisations comparées, de traductions d'ouvrages et a récemment postfacée le livre hommage à Aimé Michel, « L'apocalypse molle », publié en 2009 aux Éditions Aldane.

Elle a récemment publié chez J'ai Lu, *Des sociétés secrètes au paranormal : Les grandes énigmes* **(2012)**, *Les Illuminati : L'histoire* *secrète du monde et le nouvel ordre mondial* **(2013) et** *Mystères et* *merveilles de l'Histoire de France : L'Hexagon***e couronné (2015). Elle dirige également, aux Éditions de l'Œil du Sphinx, la revue Historia Occultae.**

Un préjugé courant veut que les sociétés traditionnelles (chasseurs-cueilleurs, premiers agriculteurs) se structurent autour de mythes tandis que nos sociétés modernes se baseraient sur la raison, du moins au niveau des décideurs économiques ou politiques. La pensée traditionnelle s'exprimerait par les récits mythiques et les symboles, porteurs de connaissance essentielle, par opposition au discours linéaire rationnel de la modernité qui ne décrirait que des savoirs parcellaires et superficiels. À cette affirmation des traditionalistes a répondu, du XVIIIe siècle des Lumières à la première moitié du XXe, le mépris savant pour la « pensée prélogique » de « primitifs » bâtissant des fables pour « expliquer » des « phénomènes naturels mal compris »[56] ou justifier la prise de pouvoir d'une caste cléricale cynique sur un peuple obtus, ignorant et crédule[57]. Légèrement adouci, encore qu'un ethnocentrisme larvé se laisse encore deviner dans les marges, ce jugement laisse place depuis la fin des années 50 aux études sur l'imaginaire et aux analyses structurales. En grec, le *mythos* est la parole chantée du conteur par opposition au *logos*, le discours argumenté du philosophe, de l'avocat ou du politicien. Et, disent les petits malins ou les amateurs de paradoxe, le *mythos* est une parole vraie, alors que le *logos* peut mentir. Il y a quelque

---

56   On trouverait ce discours chez Frazer, chez Lévy-Bruhl, mais encore dans les années 60 chez Luce Pietri commentant la *Vie de saint Martin* de Sulpice-Sévère, texte latin du Ve siècle de notre ère.

57   L'argument est déjà dans Voltaire.

chose à creuser dans cette boutade attribuée à plusieurs auteurs et sans doute apocryphe, quelque chose que ne démentirait pas la publicité moderne[58]. Le plus rationnel des argumentaires peut mener à des conclusions fausses ; les sophistes, d'ailleurs, se faisaient forts d'apprendre à leurs élèves à démontrer tout et son contraire et, sans aller jusqu'à ce cynisme de prétoire, les exemples ne manquent pas dans l'histoire des sciences. Mythes et symboles jouent sur un autre registre et les créateurs de spots publicitaires l'ont appris à leurs dépens : si l'on se trompe d'image clef, de rappel mythique, les consommateurs suivront la leçon du mythe et pas l'argumentaire de vente.

Le *logos*, à l'évidence, s'adresse à l'intellect dont il serait le mode d'expression le plus adapté. Mais on peut alors se demander ce que le *mythos* touche en l'homme, ce qui le rend plus « vrai », en tout cas plus immédiatement opérant que la démonstration rationnelle. Les études menées depuis un bon demi-siècle ont fait justice de la hiérarchisation chère aux premiers ethnologues, de Frazer à Lévy-Bruhl : le mythe n'est pas une parole archaïque, « prélogique », un balbutiement de peuples en enfance qui s'opposerait à la raison des peuples adultes ; les deux modes coexistent sans doute depuis les origines de l'humanité et ne cessent d'interagir. Derrière chaque théorie scientifique, on trouverait à la fois une élaboration logique (logico-expérimentale, plus exactement) et un substrat mythique. Lorsque Hawking élabore une théorie complexe pour réduire la singularité du Big Bang, il s'appuie explicitement sur le mythe de l'univers éternel, qu'il préfère à ceux de création[59] ; les actuelles théories du chaos sont sous-tendues, jusque dans le terme de « chaos » choisi pour parler des systèmes

58   Sur l'adossement de la publicité au mythe, voir Anne Sauvageot, « Les figures de l'espace et du temps dans la publicité », *Cahiers du centre de recherches sociologiques* n°3, GRECO CNRS 130056, Toulouse, mai 1985, pp. 49-82.
59   Hawking, *Une brève histoire du temps, du big bang aux trous noirs*, trad. I. Naddeo-Souriau, Champs-Flammarion, Paris, 1989.

dissipatifs ouverts, par le mythe suméro-babylonien de Tiamat.

Tiamat, le serpent chaos, combattue par Marduk

On pourrait multiplier les références. Et c'est avec la technologie la plus rigoureuse et la plus moderne, à savoir internet, que l'on voit fleurir des légendes et tout un imaginaire qui n'a rien à envier aux élaborations mythiques de nos ancêtres. Le champ est trop vaste pour l'explorer entièrement en une conférence. Je me bornerai donc à quelques exemples pris dans le domaine historique et politique au sens large, domaine dont les acteurs prétendent le plus à la raison, à la logique de l'intérêt, et pourtant ! Si l'idéologie royale s'accompagnait d'une symbolique assumée comme telle, pensons à la fleur de lys ou au cerf volant cher à Charles VI, aux scènes mythologiques des jardins de Versailles, c'est peut-être avec la Révolution française que l'on vit fleurir de la manière la plus explosive des mythes très archaïques — au nom du progrès.

La Révolution française est présentée, depuis les évènements de 1789, comme le triomphe du droit et de la raison sur l'arbitraire et la superstition. Comme toujours, il est intéressant de voir ce qui se cache derrière la représentation que les contemporains se font de leurs actions et de leur temps. Durant les 5 ans qui s'étendent de 1789 à 1794, c'est à dire de la réunion des Etats-Généraux à la proclamation du Directoire, ces années qui virent l'établissement d'une monarchie constitutionnelle puis la fin de la royauté, l'établissement d'une première république et la terreur, on n'a jamais tant parlé, chanté, mais aussi peint, gravé, lancé des symboles sous forme de médailles, d'assiettes décorées, d'images dans les journaux ou d'affiches. On a inventé de nouveaux rites, célébré de nouvelles fêtes auxquelles était convié le peuple. C'était vrai à Paris, dans les grandes villes de province, mais parfois aussi dans les villages. Après l'empire napoléonien et la restauration de la royauté au début du XIXe siècle, la révolution de 1848 ramena une seconde et encore plus éphémère république puisqu'elle ne dura que de février à décembre, mais durant ces quelques mois, les symboles apparus en 1789 furent repris, réinterprétés, complétés. La tToisième République née du désastre de la défaite de 1870 n'aura plus qu'à piocher dans cet héritage dès lors fixé et banalisé jusqu'à nos jours. Nous suivrons l'évolution de ces images censées représenter la modernité la plus libératrice alors qu'elles puisent, pour la plupart, à une mémoire très lointaine.

Les premiers actes symboliques de 1789, associés à la réunion des Etats-Généraux et à leur transformation progressive en assemblée constituante reprennent des thèmes déjà populaires sous l'ancien régime, mais en les réinterprétant. Ainsi en va-t-il de l'arbre de la Liberté ou du coq gaulois. Puis ce sera la naissance de Marianne sous forme d'une chanson occitane. De nombreux symboles maçonniques, bien connus grâce au succès des Loges tant dans la bourgeoisie que dans la noblesse du XVIIIe siècle, vont accompagner les allégories républicaines. D'autres seront empruntés au christianisme et détournés de leur signification officielle. Toutefois, ce foisonnement n'a rien d'anarchique. Lorsqu'on se recule un peu pour voir dans son ensemble le tableau qu'ils dessinent, on s'aperçoit qu'il possède une grande cohérence.

L'arbre de la Liberté

Dès 1790, on commence à planter ici et là dans les bourgades des arbres de la Liberté. Le premier semble être un chêne que le curé de Saint-Gaudent (Vienne) fait arracher de la forêt et replanter sur la place centrale du village. À partir de 1792, on préférera le peuplier, sans que les raisons en soient très claires. La coutume vient de loin, d'usages celtiques si ce n'est plus anciens puisque le 1er mai pour l'ancienne fête de Beltaine, dans de nombreuses régions, les jeunes gens plantaient un arbre en honneur des filles à marier ; à ses branches étaient suspendus des rubans, des fleurs, des étoiles de paille, voire des offrandes plus comestibles. Une des variantes festives en était le mât de cocagne haut et lisse — quand il n'était pas huilé ou passé au savon noir pour le rendre glissant — agrémenté de saucisses et de confiseries qu'il fallait aller décrocher. Tous les ans, les clercs de la basoche dressaient à Paris un tel arbre sans racine dans la cour du palais, au milieu de ripailles et de musiques. La coutume se maintient encore en certains villages et reste vivace en Allemagne et dans les pays nordiques. D'autres survivances d'un culte des arbres se rencontraient ici ou là, pensons à l'arbre aux fées auprès duquel Jeanne d'Arc allait danser avec les autres fillettes de Domrémy.

Dans la mythologie germano-scandinave, le monde est un arbre qui abrite, de ses racines à ses frondaisons, l'ensemble des êtres et protège à son pied la fontaine originelle. Sous ses racines se lovent les serpents de tous les dangers, sur ses branches se rencontrent les entités nourricières ou protectrices. Il est rare que la métaphore soit poussée aussi loin, mais, dans la plupart des cultures, l'arbre sert d'intermédiaire entre ciel, terre et mondes infernaux. Il se régénère, symbole de résurrection, de renaissance à moins que ce ne soit d'un de ces végétaux toujours verts comme le pin, le sapin, l'if ou certains lauriers, échos de l'arbre de vie. Citons en particulier la civilisation égéenne et mycénienne, où l'on trouve nombre de représentations de la Déesse Mère assise au pied d'un arbre, orme ou chêne, tandis que des femmes lui offrent fleurs et fruits. Au moyen âge, outre les anciennes mémoires locales, les fresques où l'on voyait Ève accepter la pomme du serpent lové sur le tronc et la tendre à Adam en ravivaient la présence et lui ajoutaient un délicieux parfum de transgression. Nous le retrouverons sur une caricature anglaise de l'arbre révolutionnaire.

Mais il est question, le 1er mai, de planter annuellement un arbre, pas seulement de le choisir, de le décorer d'objets votifs ou de l'honorer avec des rondes. Ce rite pouvait venir d'une coutume plus récente, importée de Rome en Gaule sous l'empire. En effet, un pin coupé était apporté solennellement sur la colline du Palatin chaque 22 mars pour la fête appelée *Arbor Intrat* (entrée de l'arbre) en l'honneur d'Attis et de la déesse Cybèle. Le culte de Cybèle, originaire de Phrygie, avait été introduit à Rome en 204 pendant la Seconde Guerre punique, selon un oracle de la Sibylle. Elle est la Mère des dieux, mais en plus de ce rôle de garante de toute fécondité, on lui attribue comme à beaucoup d'autres déesses un mythe saisonnier. Elle s'éprend d'un jeune berger nommé Attis dont elle fait son amant. Lorsqu'il tombe amoureux d'une nymphe, elle ne peut le supporter et le frappe de folie. Alors, incapable de se soustraire à l'amour possessif de la Mère universelle, il se châtre près d'un pin avec sa faucille à élaguer et meurt de sa blessure. À Rome, l'empereur Claude a ravivé le mythe d'Attis et introduit la cérémonie complexe couronnée par l'entrée du pin. Dès le 15 mars a lieu *Canna Intrat*, l'entrée du roseau, fête de confrérie lors de laquelle on sacrifie un taureau. À partir du 16 mars commence une neuvaine de jeûne durant laquelle on doit s'abstenir des aliments contenant des céréales. Le 22 a lieu l'*Arbor Intrat*, l'entrée de l'arbre. Le pin doit avoir été coupé par la confrérie des bûcherons, non arraché, et un bélier sacrifié à son pied avant le lever du soleil. Son tronc est alors entouré de bandelettes et de violettes. On le porte en procession jusqu'au temple de Cybèle sur le mont Palatin où il reste exposé. Le 23 est un jour de deuil officiel auquel participent les Saliens, c'est-à-dire les prêtres de Mars, ici plutôt comme puissance de virilité que comme dieu de la guerre. Le 24, on célèbre la fête du Sang, les funérailles d'Attis. Chaque fidèle doit verser un peu du sien en recevant des coups de fouet sur son dos, en se tailladant au couteau les bras et les épaules. Le pin est ensuite enseveli dans la crypte du temple. Au cours de la nuit, Attis est censé ressusciter. Le chef des prêtres annonce sa résurrection à l'aurore et commence alors, le 25 mars, jour de l'équinoxe de printemps, la fête des

Hilaria, c'est-à-dire des rires. On porte en procession les portraits d'Attis et de Cybèle en criant : « Attis est ressuscité ! » Beaucoup d'assistants se costument et se masquent. Après une journée de repos, le 27 mars a lieu le Bain de la déesse, purification de la statue du temple — à Rome dans l'Almo. Une semaine plus tard, on célèbre par les jeux Mégalésiens le transfert de la déesse à Rome[60]. Notons qu'il ne peut pas s'agir d'un mythe saisonnier de la végétation : le pin reste toujours vert et ne perd pas ses feuilles en hiver pour les retrouver au printemps. Il faut le couper pour que ses aiguilles se dessèchent toutes en même temps. Il faut plutôt lire le cycle dans le ciel, dans la relation du soleil et des étoiles, ce que suggère fortement le jour de la résurrection d'Attis, l'équinoxe de printemps à partir duquel le jour l'emporte sur la nuit jusqu'à l'équinoxe d'automne. Quant au taurobole, le sacrifice du taureau avec aspersion de son sang sur les futurs prêtres, plus tardivement sur tous les fidèles, il s'agit d'un rite de substitution. En Phrygie, les prêtres de Cybèle qu'on nommait les *galles* devaient se castrer lors de leur entrée en fonction, à l'imitation d'Attis. Comme la castration était interdite aux citoyens romains ainsi qu'à leurs esclaves, familiers ou affranchis, l'empereur Claude a inventé ce nouveau rite qui permettait d'investir une nouvelle prêtrise, celle des *archigalles*, reconnus par la loi romaine. Puis, vers 160, Antonin le Pieux fait construire un nouveau sanctuaire sur la colline du Vatican, spécialement dédié au sacrifice taurobolique. On y sacrifie aussi des béliers auxquels on arrache les testicules. Le culte de Cybèle sera dans tout l'empire étroitement associé au culte impérial, on effectue le taurobole pour le salut de l'empereur et de sa famille, il sera donc encouragé dans les Gaules, en particulier à Lyon.

Auprès des arbres de la Liberté sont souvent érigés des autels de la

---

60   Pierre Lavedan, *Dictionnaire illustré de la mythologie et des antiquités grecques et romaines*, Hachette, Paris, 1931, article « Mère des dieux ».

Patrie, ce qui renforce le caractère religieux des fêtes qui accompagnent leur érection. À ces fêtes participent tous les personnages officiels de la ville, magistrats, administrateurs, chefs militaires et même le clergé, celui du moins qui a juré fidélité à la constitution. On orne leurs branches de fleurs, de drapeaux et de rubans tricolores, de slogans républicains inscrits sur des cartouches ou des bannières. Ils servent de station lors des processions patriotiques, ce qui donne l'occasion de discours et de chants. Contrairement au rite de Cybèle ou à la fête de la basoche, il s'agit d'arbres *enracinés*, arbres de vie ou arbres monde, que les habitants doivent respecter et entretenir aux frais de la municipalité. S'ils ne prennent pas racine, on doit les remplacer, selon un décret de la Convention daté du 3 pluviôse an II qui ordonne que « dans toutes les communes de la République où l'arbre de la liberté aurait péri, il en serait planté un autre d'ici au 1er germinal ».

Au fur et à mesure que la Convention durcit les lois révolutionnaires et établit un régime de terreur revendiqué comme tel sous l'influence de Robespierre et Saint-Just, une résistance s'intensifia, surtout en province, et les plantations révolutionnaires furent souvent abattues en signe de désaccord avec les nouvelles lois. D'autres décrets prescrivirent des peines contre ceux qui détruiraient ou mutileraient les arbres de la liberté. À Bédouin dans le Vaucluse, 63 personnes furent exécutées et 500 maisons rasées pour ne pas avoir dénoncé qui avaient arraché l'arbre. Si le coupable était pris, la guillotine l'attendait. Ces décrets ne furent abolis que sous le Consulat, grâce à Bonaparte. Toutefois les arbres eux-mêmes restèrent en place et l'on en planta même sous l'empire dans les pays conquis. Lors de la restauration monarchique sous Louis XVIII, la plupart furent abattus. On revit des plantations en 1848, lors de la proclamation de la deuxième république puis en 1870, avec l'établissement de la troisième, mais l'aspect cultuel s'était alors largement édulcoré. La mode en est revenue depuis une vingtaine d'années, mais ce ne sont plus guère que des stèles plus écologiques que la pierre, à peine signalées par une plaque à leur pied indiquant la date d'érection et son motif. Notons tout de même la présence de l'arbre en effigie, pour la première fois, sur les pièces de monnaie françaises depuis le passage à l'euro, selon un modèle créé par Joaquin Jimenez en 1999.

Le bonnet phrygien

Il est rouge, avec une pointe plus ou moins rembourrée qui se recourbe gracieusement. Dans l'Antiquité, on en coiffait Pâris, le prince berger de Troie dont la passion pour Hélène qui la lui fit enlever au nez et à la barbe de son mari déclencha la fameuse guerre, l'invasion grecque et la destruction de la cité troyenne ; Attis, le jeune amant de la Mère des dieux, le porte sur toutes ses statues. Puis, il sera repris dans le rituel de Mithra, religion à mystères et donc initiatique issue d'une transformation du culte public de Cybèle. Au moyen âge, il scra surtout porté par les marins italiens puis par les galériens, mais il apparaît déjà lors de la révolte d'Etienne Marcel et de Robert le Coq contre le dauphin Charles, régent durant la captivité en Angleterre du roi Jean le Bon. On le retrouve lors de la révolte des Bretons dite des Bonnets rouges en 1675 contre de nouveaux impôts indirects sur la vaisselle d'étain, le tabac et même les actes officiels par la création du papier timbré.

Il restait une coiffure régionale dans les pays de mer, de la Sardaigne à la Catalogne. De ce fait, il avait été adopté pour les galériens puis, par extension, pour les bagnards, ce qui en faisait au XVIIIe siècle un couvre-chef infamant. On le voit apparaître dès 1789, sans qu'on sache très bien par qui la mode en a été lancée. Les idées révolutionnaires avaient du succès dans le sud : les historiens ont donc pensé aux Catalans, aux Marseillais qui auraient repris à leur compte le bonnet des galériens de Toulon. Dans le *Journal des Révolutions de Paris* (3-10 octobre 1789), on voit la gravure d'un projet de cocarde où la nation est figurée par une femme vêtue à l'antique, une main sur les tables de la *Déclaration des Droits de l'Homme*, l'autre sur un faisceau couronné du bonnet phrygien. En 1790, on le retrouve sur une médaille à la gloire de la fête de la Fédération du 14 juillet, toujours coiffant une pique. Après quoi, sa vogue ne cessera plus jusqu'au Consulat.

Ce bonnet fut également l'un des traits marquants du 20 Juin 1792, jour historique qui vit le peuple envahir les Tuileries. La foule en colère parvint à atteindre le roi lui-même, et un officier municipal nommé Mouchet tendit au monarque un bonnet phrygien au bout d'une pique. Le roi, sidéré, ne savait comment réagir. Il s'empara du bonnet, et le posa sur sa tête. Rappelons que le Dauphin avait dû accepter la même coiffure lors de la révolte d'Etienne Marcel.

Marianne, ou la déesse république

Dès 1789, lorsqu'il s'agit encore d'édifier une monarchie constitutionnelle à l'anglaise, la Liberté ou la Nation apparaît sous des traits féminins. En 1792, après l'arrestation du roi, la Convention officialise cette personnification et décrète dès le 21 septembre, sur proposition de l'abbé Grégoire : *Le sceau de l'État sera changé et portera pour type la France sous les traits d'une femme vêtue à l'antique, debout, tenant à la main droite une pique surmontée du bonnet phrygien ou bonnet de la liberté, la gauche appuyée sur un faisceau d'armes.* Le 22, elle stipule que les actes publics seraient datés de l'an I de la République française. Sur la grande peinture qu'Antoine-Jean Gros réalisa en 1794 comme écusson pour la légation de France à Gênes et dont l'esquisse à l'huile est conservée au musée national du château de Versailles, une jeune femme vêtue d'une courte tunique blanche bordée de rouge, avec une ceinture de même et un manteau bleu, le sein droit découvert, porte un casque surmonté d'un plumet rouge. Notons au passage que ce cimier écarlate portait en latin le nom de *crista*, crête, comme celle du coq. Outre la pique surmontée du bonnet phrygien qu'elle tient à dextre, elle s'appuie à sénestre sur le faisceau de licteurs avec un fil à plomb maçonnique, le fil pend d'un triangle isocèle de bois souvent confondu avec une équerre. Gros n'en était pas très satisfait et il faut avouer qu'elle semble un peu raide et godiche. Sur le sceau, où les couleurs ne peuvent apparaître, elle porte une tunique longue plus féminine, le fil à plomb n'est pas présent et l'attitude du corps a plus de grâce. Cette première image est celle d'une vierge guerrière chez Gros, Minerve ou Athéna ; sur le sceau, elle semble moins prête à utiliser elle-même les armes qu'elle tient, plutôt à les remettre à quelque champion qui en accepterait la mission.

En 1792 encore, elle recevra son nom populaire, Marianne. Il vient d'une chanson en occitan de Guillaume Lavabre, artisan cordonnier d'origine protestante, né à Puylaurens dans le Tarn, rue Foulimou, le 1er mai 1755. C'était un homme instruit, assez pour obtenir un poste d'instituteur qu'il abandonnera très vite, nous dit-on sur le site de la commune, en même temps que sa famille, pour devenir une sorte de poète errant comme on imaginait alors les troubadours. Il écrivit en français et en occitan. Il mourra à Toulouse à l'âge respectable de 90 ans le 23 mars 1845. Sa chanson, *La garisou de Marianno* (la guérison de Marianne), s'était répandue comme une traînée de poudre après l'arrestation du roi le 10 août 1792. En voici la traduction :

Marianne trop attaquée d'une grosse maladie, était toujours maltraitée et mourait de misère. Le Médecin, sans la guérir, jour et nuit la faisait souffrir : le nouveau Pouvoir exécutif vient de lui faire prendre un vomitif pour lui dégager le poumon : Marianne se trouve mieux.

Un grain de liste civile est un remède fatal qui dans le corps tient la bile, augmente toujours le mal ; et les remèdes de Louis ne sont pas bons : on ne guérit jamais. Mais une once d'Égalité et deux drachmes de Liberté lui ont dégagé le poumon : Marianne se trouve mieux.

La saignée favorable qui eut lieu le dix août à Marianne, si aimable, a fait retrouver le goût : le mal maudit est vite parti quand on peut retrouver l'appétit : un peu d'huile de Servan, un peu de sirop de Roland, lui ont bien dégagé le poumon : Marianne se trouve mieux.

Dillon, Kellermann, Custine ont commencé de chasser la trop méchante vermine qui a failli l'étouffer ; et l'intérieur des intestins sera bientôt débarrassé de vers si malins ; l'élixir de Dumouriez, frotté à la plante des pieds, lui a bien dégagé le poumon : Marianne se trouve mieux.

Il faut une prise de Nice, deux pincées d'Émigrants, pour dissiper la malice de ce mal qui était si grand et soigneusement, à l'alambic, passer la soumission de Brunswick : le matin, au lever du lit, l'évaporation de Clairfayt lui a bien dégagé le poumon : Marianne se trouve mieux.

Montesquiou, bon patriote, de Marianne Médecin, veut avec de la graisse de marmotte, la guérir entièrement : Anselme, enfin, chasse le venin, au sang bas il fait prendre un autre train ; alors son corps épuré, du mauvais levain dégagé, Marianne, en pleine guérison, de la santé sera la fleur[61].

Pourquoi Marianne ? L'explication qui traîne partout sur Internet

---

61   Selon le blog *Pigeonnier resplendy*, <tanette.blogspot.fr/2006/09/marianne.html> On la trouve aussi sur le site officiel de la mairie de Puylaurens (Tarn).

veut que ce prénom ou, plus exactement, le double prénom Marie-Anne ait été très répandu parmi les filles de la campagne et qu'il avait fini par désigner la servante. On n'est pas loin de Clocher-les-Bécasses ! et Marianne aurait pu chanter : *Bécassine, c'est ma cousine…* Cette opinion a beau être celle de l'historien Maurice Agulhon, l'un des spécialistes de cette période, elle n'a pas convaincu tous ses lecteurs. Guillaume Lavabre écrivait en occitan, pour des gens du sud qui prononçaient *Marianno* et avaient leur culture propre depuis plusieurs millénaires. N'oublions pas que nous sommes à Puylaurens du Tarn, dans le nord du Lauragais, à deux pas des Pyrénées où les Basques vénéraient une déesse nommée Mari — laquelle a laissé des traces dans le folklore de toute la montagne. Or Mari n'est autre que la dénomination locale de la Terre-mère, de la Grande Déesse que l'on trouve tout autour de la Méditerranée dès le néolithique, Dame des animaux, de la végétation sauvage et du blé cultivé. Plus étrange, le terme *marra* désigne le bouc noir surtout au pays basque, bouc guérisseur des troupeaux, *Marre* est en Fenouillèdes un géant des montagnes, *Marta* une brebis noire, sorcière bienfaisante qui écarte la foudre, les *Maru* des êtres sauvages à tête d'animal cornu, voleurs de bétail, qui vivent dans les gouffres et les cavernes. Mari porte une faucille de feu qui représente la foudre et rencontre son parèdre, le géant Maju tous les vendredis au fond d'une grotte. On voit que la thématique court toute la montagne[62]. La *Marianno* de Lavabre s'inscrit parfaitement dans cette série d'autant que, dégagée par *une once d'Égalité et deux drachmes de Liberté* alors que pour elle *les remèdes de Louis ne sont pas bons*, elle ne personnifie pas le peuple dans une sorte de lutte des classes, mais la Nation, cette Patrie à laquelle on élevait des autels. Il semble bien qu'elle soit assimilée à la Grande Déesse antique dans l'instauration

---

62   Olivier de Marliave, *Petit dictionnaire de mythologies basque et pyrénéennes*, Editions Entente, Paris, 1993.

implicite d'un paganisme d'État. Lavabre en éveille la mémoire la plus archaïque.

Elle porte le bonnet phrygien. Bertrand Acquin nous rappelle que le nom de la Phrygie vient du verbe grec *phrugo* qui signifie brûler, griller, calciner. En dorien, c'est à dire en grec archaïque, ce verbe a donné *phruktos*, la torche ou le flambeau utilisé pour les signaux de nuit. C'est également, selon le dictionnaire de Bailly, le nom des fèves grillées qu'on utilisait pour un rite divinatoire. On peut aussi rappeler les légendes autour de l'origine troyenne des Francs et des Romains puisque la Phrygie n'est autre que le terroir qui entoure l'ancienne cité de Troie. Or malgré quelques discours appelant à venger les Gaulois asservis par les nobles d'origine franque, personne n'a proposé de débaptiser la France et Louis XVI, par la constituante, était renommé *roi des Français* — comme les mérovingiens étaient rois des Francs. Alors Marianne est-elle un avatar de Cybèle ?

Cybèle et Attis, le berger coiffé du bonnet phrygien, adossé au pin.

Beaucoup d'indices convergent vers cette identification. Dans l'antiquité, l'image de la déesse, couronnée de tours et assise sur un char tiré par des lions, était présente dans tout l'Empire depuis le règne d'Antonin.

« Son culte, étroitement associé à celui de l'empereur, fut considéré comme une manifestation de loyalisme à l'égard de celui-ci », nous apprend l'*Encyclopedia Universalis*. L'imagerie révolutionnaire multiplie les allusions, mais dans le même temps les brouille. La France — ou la Liberté — armée d'une pique et d'un faisceau de licteurs évoque davantage Athéna ou Minerve, la vierge guerrière protectrice de la cité, que la mère universelle. Cybèle était parfaitement connue, comme toute la mythologie gréco-romaine et la meilleure preuve en est que c'est à bord d'une frégate nommée la Cybèle que Surcouf reprendra du service en 1794 avant de mener la guerre de course comme corsaire.

À Rome, Cybèle portait le nom de Bonne Déesse, en latin *Bona Dea*, de *Magna Dea* ou Grande Déesse, de *Magna Mater* ou Grande Mère. Elle était assimilée à *Gaïa* (Mère Universelle, déesse primordiale), *Tellus* (Terre), *Rhéa* (Mère des Dieux, la Grande Mère), *Vesta* ou *Ops* (Opulence, Richesse) et *Cérès* (Dame du blé). Or l'imagerie de Marianne, sans jamais reprendre la figure antique de Cybèle, sans jamais en particulier la couronner de tours, va progressivement présenter tous les attributs des puissances féminines auxquelles Rome l'assimilait. On lui associait dans l'antiquité un char attelé de lions parfois transformé en trône dont les fauves formaient les accoudoirs, l'amandier, le buis, le pin, les cymbales d'airain, le tambourin, le pipeau (flûte phrygienne), la pluie et le tonnerre. La plupart se retrouveront dans l'une ou l'autre gravures, affiches et autres représentations de Marianne au cours du temps.

Retenons l'équivalence de Cybèle et de Cérès. Si, lors de la première république et du Directoire, la Marianne des monnaies gravée par Augustin Dupré est simplement une tête féminine de profil coiffée du bonnet phrygien, dès 1848 Eugène André Oudiné la remplace par un profil de Cérès couronnée d'épis, d'olivier ou de laurier et de grappes de raisin. Louis Merley chargé de la monnaie d'or propose aussi une Cérès accompagnée vers sa nuque d'un petit faisceau de licteur, afin que nul ne se méprenne. En 1897, Louis Oscar Roty propose une Semeuse vue de trois-quarts arrière et coiffée du bonnet phrygien qui ne disparaîtra plus, même s'il est souvent accompagné d'une couronne végétale lorsque seul est représenté le profil de Cérès-Marianne, sauf dans un ou deux modèles des années 1930. Dès l'invention du timbre-poste, Cérès et la Semeuse se partageront la vedette, plus rarement supplantées par Mercure.

Comme les autres éléments du paganisme républicains, la déesse qui en forme le cœur disparaît sous l'empire et la restauration. En 1848, Marianne revint avec la proclamation de la deuxième république. À cette occasion, le grand sceau sera transformé : plus de pique ni d'allure guerrière. L'arrêté du 18 septembre 1848 stipule dans son article premier : *à l'avenir, le sceau de l'État portera, d'un côté, pour type, la figure de la Liberté, et pour légende, au nom du peuple français ; de l'autre côté, une couronne de chêne et d'olivier, liée par une gerbe de blé ; au milieu de la couronne, République française, démocratique, une et indivisible, et pour légende, liberté, égalité, fraternité.* La réalisation en sera confiée au graveur Jacques-Jean Barre. Le modèle sera explicitement celui d'une Junon assise de profil, le buste tourné vers ses spectateurs, couronnée de soleil comme la Femme de l'Apocalypse ; de la main droite, elle tient dressé un faisceau de licteurs appuyé sur sa cuisse ; de la gauche, elle s'appuie sur un gouvernail sur lequel se voit un coq dressé, une patte sur le globe terrestre. À ses pieds, une urne porte les lettres SU pour « Suffrage Universel » et, en arrière-plan, se pressent les symboles de la richesse française, les arts représentés par un chapiteau, l'industrie par une roue dentée et ce qui semble une échelle courbe, l'agriculture par le blé, sans oublier l'arbre sous forme de feuilles de chêne. Le contre-sceau comporte les mots « AU NOM DU PEUPLE FRANÇAIS » entourés d'une couronne de chêne et de laurier noués par des épis de blé et des grappes de raisin et de la mention circulaire « ÉGALITÉ, FRATERNITÉ, LIBERTÉ ». De nouveau reléguée sous le Second Empire, Marianne reviendra en force lors de la proclamation de la troisième république et c'est alors que l'usage de poser son buste dans la salle principale des mairies se répandra sans qu'il soit légitimé par la loi.

Il existe encore un village dans les Pyrénées où les festivités du 14 juillet prennent l'allure d'un culte de Marianne. À Boule d'amont, après un dépôt de gerbe devant le monument aux morts et la traditionnelle minute de silence, la procession part de la cour de l'école. Le buste de Marianne est porté par un homme du village, précédé du drapeau, suivi par le maire en écharpe, les écoliers sur deux rangs, le conseil municipal et finalement tous les habitants. Bien souvent, les enfants qui participent à ce défilé sont scolarisés ailleurs, mais reviennent pour l'occasion dans le pays où la famille a ses racines. Marianne fait ainsi le tour du village puis le buste est installé sur une fenêtre haute de la place, à l'étage, comme dans une niche. De facture plutôt naïve, elle porte le bonnet phrygien et une couronne de blé, ainsi qu'un bandeau frontal où s'inscrit le mot « instruction ». Sa robe est rouge et blanche, deux drapeaux croisés devant elle complètent la mise en scène ou plutôt en fenêtre. Le maire prononce alors un discours, suivi de l'apéritif et d'un repas champêtre. Le soir, un apéritif symbolique offre du pain, du fromage rouge et du vin rouge après quoi ont lieu le tirage de la tombola et le bal. Depuis peu, on y ajoute un feu d'artifice. Les festivités s'achèvent le lendemain avec le retour de Marianne à la mairie[63].

---

63   Jean Louis Vaills, « Le 14 juillet à Bula d'amunt : procession laïque et fête composite » in Maurice Agulhon et al., *Culture et folklores républicains*, actes du

Au travers de ses bustes d'une grande variété, Marianne prend plusieurs visages. Elle demeure ici la Phrygienne arborant son bonnet écarlate, elle apparaît là sous les traits de Cérès couronnée de blé et d'olivier, donatrice d'abondance et de paix, ailleurs encore sa couronne de chêne évoque les racines celtiques, à moins qu'une étoile ne surgisse dans son diadème de feuilles et de blé comme à Saint-Jean de Losne, ce qui nous ramène aux premières figures de la déesse, la Dame étoile du croissant fertile Anahita, Ishtar ou Inana, sans oublier en Égypte Noût, la voûte étoilée. Le sculpteur local a pu puiser son inspiration, de manière paradoxale, à Versailles où le *Point du jour* est évoqué par une sculpture de Gaspard Marsy, une jeune femme dont le vêtement abrite un coq dans ses plis et qui porte une étoile au sommet de la tête. Un sein nu, nourricier, rappelle que la patrie se veut la Mère des peuples, à moins que la tunique ne devienne sage, chaste comme la fidélité de la gardienne du foyer. Sur les affiches, cartes postales, tout un imaginaire sans caractère officiel retrouve les traits archaïques et sans doute oubliés durant des siècles. Ainsi cette affiche de 1892 imprimée pour le centenaire de la république et qui annonce les réjouissances de la ville de Toul des 21 et 22 septembre, qui commencent à 7 heures du soir par la sonnerie des cloches suivie d'une retraite aux flambeaux. Sur l'affiche donc, une Marianne assise en robe jaune, solaire, et corselet couleur de nuit tient de la main droite un immense drapeau français ainsi qu'un rameau d'olivier, mais elle-même porte une couronne de lauriers sur son bonnet phrygien. Elle trône sur un piédestal à plusieurs marches et semble ainsi veiller sur les richesses du pays, un paysage bucolique où l'on voit une bergère avec ses moutons, un laboureur à sa charrue, en arrière plan un viaduc sur lequel passe un train. À ses pieds, outre une palette de

colloque « Les marques républicaines dans la culture populaire en France » des 10-12 décembre 1992 à Toulouse, éditions du CTHS, Paris, 1995, pp.55-68.

peintre et une roue dentée, une immense corne d'abondance déverse ses fruits et ses fleurs et deux enfants nus l'accompagnent, l'un jouant avec les fruits déversés, l'autre debout, le regard fixé comme celui de Marianne sur un au-delà du paysage. Avec ces petits, elle combine les attributs de Junon avec ceux de Cérès. Eux-mêmes rappellent Castor et Pollux, les enfants jumeaux de Léda que Zeus a aimée sous la forme d'un cygne, mais on trouve ces dieux jumeaux sur un ensemble très vaste qui s'étend sur toute l'Europe, l'Asie et jusque chez les Amérindiens. Il s'agit donc d'un thème extrêmement archaïque dont on peut penser qu'il existait déjà au paléolithique, avant la migration de tribus humaines vers l'Amérique pendant la dernière glaciation. Citons enfin un timbre des années 1960 où l'on voit Marianne debout, coiffée de son bonnet phrygien à la proue d'une barque à la voile gonflée, sur fond de soleil levant, qui rappelle que toutes les grandes déesses furent invoquées comme protectrices des marins, depuis Athéna/Minerve jusqu'à Héra/Junon. Peu à peu, Marianne condense en elle l'ensemble des divinités féminines, de leurs fonctions et de leurs attributs.

Ajoutons que le symbole du coq gaulois, repris à la révolution, se prête à un jeu de mots très signifiant ; en latin, coq se dit *gallus* ; or la Gaule étant *Gallia*, le Gaulois se dit aussi *Gallus*, donc le Gaulois est un coq. Oui, mais le prêtre de Cybèle est un galle, en d'autres termes un *gallus*... Cocorico !

Au bout de ce tour d'horizon

La tentative délibérée d'instaurer un paganisme d'Etat ne peut avoir été inconsciente. Elle comporte certes des aspects spontanés, une créativité de l'instant comme la chanson de Guillaume Lavabre, mais lorsque la Convention décrète que le sceau *portera pour type la France sous les traits d'une femme vêtue à l'antique, debout, tenant à la main droite une pique surmontée du bonnet phrygien ou bonnet de la liberté, la gauche appuyée sur un faisceau d'armes*, cette représentation ne sort pas du chapeau des législateurs comme un lapin inattendu. Il est évident que cela fut discuté bien en amont dans les clubs, dans les journaux, dans les différents groupes politiques. Toutefois, il faut bien distinguer deux périodes dans la Révolution Française. La première, qui va de la réunion des Etats-Généraux à la fin de l'année 1790, représente une tentative d'instaurer une monarchie constitutionnelle à l'anglaise taillée sur mesure pour les intérêts d'une bourgeoisie marchande et préindustrielle. Dès cette période considérée généralement comme plutôt paisible, une agitation d'arrière-plan préfigure toutefois la violence de la Terreur et même, à certains égards, ce que sera l'idéologie socialiste du XIXe siècle. Des émeutes éclatent sporadiquement, soigneusement instrumentées par des meneurs que les historiens ne cernent pas toujours. Entre ceux-ci et les députés de l'Assemblée nationale, s'il existe des oppositions tranchées comme le montre le vote de la loi Le Chapelier interdisant toute association ouvrière, on voit aussi une certaine porosité lorsqu'il s'agit de religion. Dans l'ensemble, toutefois, le modèle est encore anglais. Il s'agit, avec la constitution civile du clergé, de réaliser en France ce qui fut fait en Angleterre, d'établir une Église nationale, gallicane, indépendante de Rome, mais qui reste fondamentalement chrétienne.

La Liberté, la Nation, la République : la même figure
féminine

Les choses changent au cours de l'année 1791 qui voit s'accentuer
les clivages idéologiques. La condamnation par le pape Pie VI de la
Déclaration des droits de l'homme, puis de la constitution civile du clergé
trouve un écho favorable, du moins au nord de la Loire et dans les pays
d'ouest, dans une bonne partie de la petite noblesse de terroir et du peuple
des villages, y compris parmi ceux qui avaient accueilli favorablement la
réunion des Etats-Généraux. On retrouve en filigrane la vieille division de
l'époque mérovingienne : la Neustrie profonde reste catholique et royale
tandis que l'ancienne Aquitaine et l'ancienne Narbonnaise, sans parler de
la Provence, deviennent le siège d'une agitation révolutionnaire de plus
en plus radicale. Les mêmes régions, d'ailleurs, avaient vu le succès du
catharisme médiéval puis étaient devenues protestantes au XVIe siècle ; à
la fin du XVIIIe, cette « France qui dit non », selon l'expression d'Aimé
Michel, va engendrer l'un après l'autre tous les symboles de la république.
Or cette France du Sud où l'on cultive les fruits plus que les céréales, où
l'on élève les chèvres et les moutons plutôt que les vaches, c'est celle où

l'on bâtit en pierre depuis le néolithique, où les villages sont groupés, serrés, à peine aérés par une place centrale où l'on reconnaît la pratique millénaire de l'assemblée fréquente du peuple. C'est aussi celle où le culte d'Isis avait connu un grand succès dans les premiers siècles de l'empire romain, ce qui suggère des divinités féminines encore plus archaïques. On en trouve trace d'ailleurs avec les statues-menhirs du néolithique et peut-être dès le paléolithique avec la Dame gravée en bas-relief sur la paroi de la grotte de Laussel et qui tient ce qui est peut-être la première corne d'abondance. Si les lois de la révolution ont été votées à Versailles puis à Paris, elles ont largement été préparées par les discussions des hommes du Sud, nourris des livres de Jean Jacques Rousseau. Pensons à la revendication du vote par tête et non par ordre, lancée dès l'ouverture des Etats-Généraux et d'où part tout le processus révolutionnaire : elle avait été élaborée dans l'assemblée de Vizille près de Grenoble, dans ce Dauphiné si proche de la Provence.

Dans ses *Considérations sur le gouvernement de la Pologne*, le philosophe genevois prêchait pour des fêtes civiques qui auraient pour effet « de renforcer le caractère national, d'augmenter les inclinations naturelles et de donner une nouvelle énergie à toutes les passions ». Sur le *Contrat social*, il précisait que « jamais État ne fut fondé que la religion ne lui servit de base » et que la religion nationale « a ses dogmes, ses rites, son culte extérieur prescrit par des lois ». Il en donnait deux exemples historiques, les mieux connus des hommes cultivés de son temps, celui des Hébreux et celui des Romains et n'hésitait pas, en appelant de ses vœux la constitution d'une telle religion d'Etat, à parler de « la sainteté du contrat social et de ses lois ». Après la fête de la Fédération, Talleyrand et Mirabeau préfèrent ne plus mélanger le religieux chrétien aux fêtes civiques. Mirabeau suggère de rythmer l'année par « neuf fêtes civiles, publiques et militaires » autour des symboles de la Liberté et de l'Égalité, avec arts et spectacles. Sous son influence, la Constituante décrètera : « Il sera établi des fêtes nationales pour conserver le souvenir de la République française, entretenir la fraternité entre les citoyens, les attacher à la Patrie et aux lois. » Sur l'autel de la Patrie, Benoist-Lamothe propose d'exposer « le pain de la Fraternité » accompagné de cassolettes à parfum[64]. Comme on le voit, le culte de Marianne a été mûrement réfléchi et préparé et c'est en grande partie sur cet établissement d'une religion civique, d'un paganisme d'État, que va se creuser le fossé avec le roi qui, lui, reste profondément chrétien et catholique. Or Pie VI ne pouvait que condamner l'établissement d'un paganisme d'État et la constitution civile du clergé qui le dépossédaient de son autorité spirituelle et institutionnelle sur l'Église. Après la destitution et la mort du roi, le projet de fondation d'une religion civique se poursuit très consciemment puisque l'on trouve dans le rapport de Robespierre du 18 floréal an II (7 mai 1794) : « Il est [...] une sorte d'institution qui doit être considérée comme une partie essentielle de l'éducation publique : je veux parler des fêtes nationales. On ne parle jamais sans enthousiasme des fêtes nationales de la Grèce. [...] La Grèce était là ; on voyait un spectacle plus grand que les jeux, c'étaient les spectateurs eux-mêmes. [...] Un système de fêtes nationales bien entendu serait à la fois le plus doux lien de fraternité et le plus puissant moyen de régénération. Ayez des fêtes générales et plus solennelles pour la République ; ayez des fêtes particulières et pour chaque lieu, qui soient des jours de repos et qui remplacent ce que les circonstances ont détruit. » Les circonstances ont bon dos sous la plume d'un des principaux acteurs de la révolution puisque l'allusion vise les fêtes chrétiennes qu'il avait largement contribué à détruire, mais il est significatif qu'il appelle à les remplacer et qu'il prenne pour cela l'exemple de la Grèce antique et de son paganisme

---

64   Claude Rivière, *Les liturgies politiques*, PUF, Paris, 1988.

intimement lié à la vie de la cité.

En 1848, lors de la proclamation de la deuxième république, les symboles et les célébrations de ce paganisme d'Etat que Robespierre appelait de ses vœux resurgissent instantanément. De même, on retrouvera la plupart des thèmes que nous avons évoqués lors du passage à la troisième république. Selon les périodes, ils seront portés par la ferveur idéologique de minorités agissantes ou n'apparaîtront que comme des images convenues, officielles, que n'entoure aucune émotion particulière. Mais il faut tout de même constater que ce paganisme n'a pas pris. Martine Segalen, qui s'interroge sur les raisons de cet échec, pense qu'elles ont « manqué de symboles qui auraient permis de mettre en forme l'expérience et ainsi donner prise à l'émergence d'une émotion collective[65]. » Or nous avons vu qu'au contraire, les symboles foisonnaient et faisaient appel à des mémoires profondes, archaïques, encore vivaces sous d'autres formes. À bien des égards, comme le noteront les spécialistes du folklore que furent Pierre Saintyves ou Sébillot, le culte de la Vierge Marie si répandu et si populaire en France avait pris la place des anciens cultes d'Isis, de Déméter ou de Cybèle. Marianne aurait pu recevoir l'assentiment de l'inconscient collectif et, d'ailleurs, elle l'a partiellement reçu par le seul rite que la loi n'a pas imposé, mais qui s'est répandu comme une traînée de poudre lors de l'instauration de la troisième république après la défaite de 1870 et la perte de l'Alsace-Lorraine, l'installation de son buste dans la grande salle des mairies. Mais Martine Segalen approche peut-être de la solution lorsqu'elle remarque que, « si le terreau culturel est prêt à l'accueillir, en revanche, le rite s'enracinera rapidement dans le social » et donne comme exemple la commémoration du 11 novembre après la guerre de 1914-1918 avec le

---

65   Martine Segalen, *Rites et rituels contemporains*, 2e éd., Armand Colin, Paris, 2009.

rassemblement de la population autour du monument aux morts, la minute de silence, le dépôt de gerbe par le maire en écharpe et la sonnerie de clairon qui l'accompagne. Le 11 novembre tend d'ailleurs à se déliter aujourd'hui après la disparition du dernier des poilus, mais tant que des témoins racontaient pêle-mêle l'horreur des tranchées et la fierté de l'héroïsme, chaque Français se sentait concerné, pouvait communier dans une émotion collective, dans l'affleurement du sacré. Ce que le « terreau culturel » ou l'inconscient collectif n'était pas prêt à accueillir dans la révolution française, ce n'était pas Marianne, mais la guillotine dont l'ombre sanglante se profilait derrière elle.

Yves Lignon

Maître de Conférences au département Mathématiques de l'Université de Toulouse-Le Mirail (section Statistiques) et fondateur du Laboratoire de Parapsychologie de Toulouse, Yves Lignon s'intéresse depuis longtemps aux phénomènes dits paranormaux. Il est l'auteur de très nombreux ouvrages parmi lesquels « Quand la science rencontre l'étrange », avec Jocelyn Morisson, « Parapsychologie : le Dossier », « Médiums : le Dossier » et « L'autre cerveau » dans lequel il évoque ses recherches au sein du laboratoire de Parapsychologie de l'Université de Toulouse-Le Mirail.

Dans « L'autre cerveau » (Albin Michel, 1992) j'ai raconté que tout a commencé officiellement (j'ose à peine employer ce mot à propos d'une question aussi sulfureuse) le 2 mai 1974 dans une grande salle de l'université de Toulouse-Le Mirail (aujourd'hui Jean Jaurès), mon université.

Pourquoi cette date ? Pourquoi là ? Parce que j'avais convaincu la direction du département de maths, mon département, de la nécessité scientifique de s'intéresser aux phénomènes dits parapsychologiques et parce que le biologiste Rémy Chauvin, professeur à la Sorbonne, pilier de la revue « Planète » — qui clamait la même chose depuis longtemps — avait accepté de venir de Paris pour s'adresser à un public choisi d'universitaires toulousains. Vers 17 heures la réunion se termina par l'annonce de la création, d'un groupe d'études vite connu sous le nom de « Laboratoire de Parapsychologie de Toulouse ».

La parapsychologie venait-elle de quitter le théâtre et le cinéma fantastiques pour s'installer dans un amphithéâtre comme l'écrivit, quelques jours plus tard, un journaliste ami et enthousiaste ? Disons que si elle est entrée, ce jour là, à l'université c'est plus par la porte de derrière, voire par le trou à chats, que par le portail d'honneur. En effet tout en acceptant d'héberger le groupe d'études le directeur du département de maths (pourtant très favorable à mon projet, car se souvenant d'un rêve prémonitoire vécu à l'adolescence) m'avait prévenu. Appui logistique (attribution d'une vaste pièce inutilisée, fourniture de timbres et de photocopies en quantité raisonnable…) oui. Appui financier à trouver. Réunie grâce au bouche-à-oreille l'équipe d'une dizaine de personnes (universitaires, médecins, ingénieurs, journalistes, étudiants avancés) allait devoir travailler à coup de bénévolat et en dépensant des hectolitres d'huile de coude. Cela a duré jusqu'à mon départ à la retraite, en juin 2008, l'achat de matériel, les déplacements et autres dépenses étant couverts grâce aux recettes de conférences, à la sponsorisation par certains médias et, même à une époque, à des subventions. Nous allons en reparler. Évidemment les aléas de l'existence font que la composition du groupe a changé à de multiples reprises. Certain(es) sont restés moins de huit mois et d'autres bien plus de huit ans. Toutes et tous en me donnant, de manière désintéressée, leur temps et leur amitié ont fait, autant et plus que moi, le

Laboratoire de Parapsychologie de Toulouse.

1976. Incroyable nouvelle. Le conseil scientifique de l'université subventionne la section « parapsychologie » du programme de recherches « Mathématiques ». Ce ne seront, jusqu'en 1981, qu'en moyenne 500 euros par an, mais tellement symboliques. On pouvait, cette fois, parler de reconnaissance officielle.

Qu'une université française finance des recherches traitant de parapsychologie voilà une nouvelle qui flanqua la jaunisse à tour de bras aux mandarins scientistes aussi sûrs de leur fait qu'un astronome d'avant Copernic. Leurs grandes manœuvres mirent quand même cinq ans avant d'aboutir. Scientifiquement mes comparses et moi étions inattaquables, sans passif et sans hypothèque. Ne restait plus qu'une arme, une arme aux effets garantis dévastateurs : le Règlement. Et le Règlement a suffi pour décider qu'on ne pouvait pas, décemment, renouveler la subvention d'une équipe comptant dans ses rangs un illusionniste, artiste professionnel sans titres universitaires. Heureusement le soutien du département de maths ne cessant pas le Laboratoire de Parapsychologie de Toulouse a continué d'exister.

Le fait que nous puissions poursuivre notre bonhomme de chemin provoqua des crises de rage à répétition (même un Prix Nobel en était victime quand on prononçait mon nom devant lui). D'autant que, privés de l'argent de l'alma mater, nous avons eu la chance d'obtenir des soutiens financiers provenant d'organismes scientifiques étrangers et de bénéficier d'un legs qui nous débarrassa pour de bon du problème des frais de fonctionnement le bénévolat — je le redis une fois de plus — assurant le reste.

Et nous en avons fait des choses, enquêtes sur le terrain ou expériences avec des voyants et des guérisseurs. Cette production étant connue grâce aux médias qui s'intéressaient à nous parce que notre groupe était le seul de son genre existant en France mieux vaut parler, avant de conclure, de la face cachée. Nous avons donc organisé trois congrès (1988 – 1990 - 1996) avec interventions d'universitaires européens et publié pendant presque 20 ans (1988 – 2007) une revue destinée exclusivement à des lecteurs scientifiques, mais ce n'est pas de cela dont je suis le plus satisfait.

Ce dont je suis le plus fier, si le mot n'est pas exagéré, est d'avoir accueilli des étudiants venus de France et de l'étranger, pour préparer, avec notre collaboration, un travail de thèse ou finaliser un mémoire de mastère. C'est aussi grâce à vous Floriane, Estelle, David et une quinzaine d'autres que la parapsychologie est entrée à l'université même si cette université n'était pas toujours la mienne ou si son campus se trouvait en francophonie et non en France.

Quarante et quelques années après 1974 une nouvelle tentative réussirait-elle à donner, chez nous, à la parapsychologie une place comparable à celle occupée dans de nombreux grands pays ? Je ne le pense pas. L'institution universitaire française n'est toujours pas guérie de ses scléroses et la pression de l'idéologie scientiste reste forte bien qu'en nette diminution. L'astuce consistant à détourner l'attention en ne parlant que d'une sous - branche de la psychologie ne me satisfait absolument pas parce que reposant sur une idée fausse la parapsychologie étant pluridisciplinaire par nature et par essence. Une solution pourrait consister à réunir des universitaires dans une fondation privée, mais le projet manque de réalisme dans une contrée où la guerre picrocholine est un sport national.

*   *   *

Le documentaire « La parapsychologie à l'université » de Roger Pic (images de Maurice Albert) a été tourné au printemps 1982 et diffusé sur TF 1 en « prime time » comme on ne disait pas encore.

Claude Arz

Fils d'un guérisseur breton, Claude Arz est sensibilisé précocement au monde de l'occulte qui le passionne. Universitaire, sociologue spécialiste des légendes et de la France mystérieuse, auteur de nombreux guides sur la France, qui le font sillonner les routes et récolter des récits fantastiques de toutes les régions. Conférencier, il est aussi l'auteur de nombreux ouvrages, parmi lesquels _Croyances et légendes de la mer_ (2010) et _Voyages dans la France mystérieuse_ (2011).

Évoquer Raspoutine, c'est évoquer le crépuscule de l'empire russe, la fin des Romanov, l'écroulement d'un monde bousculé par les attentats, les émeutes ouvrières et la contestation politique des socialistes et des révolutionnaires bolcheviks. C'est porter un regard romantique sur le monde agropastoral russe, c'est réveiller aussi l'âme russe incarnée par les vieux croyants orthodoxes qui reliaient en processions chantantes les villes et les villages, animés par la Vieille Foi des fols en Christ qui invoquaient Dieu et ses anges aux quatre coins de l'empire.

Raspoutine était un moine-paysan gyrovague. C'est lui-même qui le dit quand il écrit dans *La vie d'un pèlerin éprouvé* : « *J'ai beaucoup voyagé en chariot, j'ai fait le cocher, et j'ai pêché le poisson, j'ai labouré la terre. Tout cela est bon pour un paysan.* » [66] Ainsi donc, Raspoutine représente avant tout la chair de la terre russe, la hache du moujik qui fend le bois, le laboureur des terres gelées qui deviendra la légende vivante de la Russie surgie des aubes neigeuses de Sibérie, mais Raspoutine, c'est aussi le voyageur mystique, le saint diable, le staretz hérétique, l'amoureux de Dieu, le confident de la tsarine. Fils de paysan, il gardera cette âme de paysan aussi bien dans les monastères qu'à la cour du tsar Nicolas II, le dernier des Romanov. Son existence aventureuse se déroule au milieu de l'agitation révolutionnaire et de l'incertitude politique qui secouaient la Russie entre 1905 et 1917. Sa mort correspond à la fin du tsarisme. En effet, il sera assassiné le 16 décembre 1916 (calendrier Julien ; 29 décembre dans le calendrier grégorien), à peine trois mois avant la révolution de mars 1917.

Évoquer Raspoutine, c'est évoquer aussi l'origine des sources relatives au personnage qui, selon l'historien Edvard Radzinsky, représente « *l'un des mythes les plus populaires de la culture de masse du XXe siècle.* »[67] En effet, l'histoire du maudit de la Russie, le banni de l'histoire, pose de nombreuses questions historiographiques, car elle fut rapportée en grande partie par ses seuls adversaires, les aristocrates, les boyards immémoriaux,

---

66　　*Grégory Raspoutine, La vie d'un pèlerin éprouvé,* texte inédit paru en annexe 1 au livre de Jean-Louis Gouraud *Le pèlerin émerveillé,* éd. Actes Sud, Babel, 2012.

67　　Edvard Radzinsky, *Raspoutine : L'ultime vérité* (traduction de Macha Zonina et Odette Chevalot), Paris, Lattès, 2000, 609 p. (ISBN 2-7096-2168-1). Ouvrage utilisant des documents officiels jusque-là inédits. La personnalité de Raspoutine et l'histoire de la Russie au tournant du siècle, vues à travers les archives de la commission extraordinaire de 1917. Ces archives, qui ont longtemps été considérées comme perdues, ont été achetées par M. Rostropovitch chez *Sotheby's* en 1995

ses ennemis, ses assassins dont le plus célèbre fut le prince Félix Youssoupov. Mais Edvard Radzinsky récupéra en 1995 auprès du musicien Rostropovitch les documents juridiques de la *Commission extraordinaire d'enquête en vue d'investigations sur les actes illégaux commis par les anciens ministres et autres personnalités,* précieux dossier qui avait été égaré et qui contenait les procès-verbaux recueillis après le meurtre de Raspoutine auprès de ses proches tels que l'éditeur Filippov, admirateur de Raspoutine, ou le guérisseur asiatique Badmaev, autant de témoignages qui donnaient un portrait nouveau, plus humain, plus équitable de Raspoutine.

Enfin, évoquer Raspoutine, c'est plonger dans le destin trouble et troublant d'un homme au triple visage, à la fois guérisseur, séducteur et manipulateur politique.

RASPOUTINE, MYSTIQUE ET GUÉRISSEUR

Aux origines, Raspoutine est un moujik sibérien. Il voit le jour dans une Sibérie où la nature est âpre, où les loups et les rapaces côtoient les hommes pour les attaquer et les dévorer, où l'on marche à pied pendant des jours dans les chemins poudreux de neige. Son père est paysan, maquignon et éleveur de chevaux pour les relais de poste. Raspoutine est probablement né le vingt-et-un janvier mille huit cents soixante-neuf dans le village de Pokrovskoïe, situé aux confins de la Sibérie. Selon la légende dorée, sa naissance fut précédée de l'apparition d'une météorite dans le ciel sibérien, qui annonçait la venue d'un grand initié. Dans cette atmosphère soumise à la fois aux épreuves matérielles et au merveilleux, Raspoutine, le paysan, connaît une double vie, une face buveur, bagarreur, débauché, et une autre face, mystique celle-là, pèlerin de Dieu, chercheur infatigable de l'éternel.

Dans ce contexte, on l'accusera même d'avoir été initié aux rituels extatiques de la secte religieuse khlysty, les flagellants.

Raspoutine se confiera plus tard dans *La vie d'un pèlerin éprouvé* : « *Quand je vivais dans le monde profane, comme on dit, et j'y ai vécu jusqu'à l'âge de vingt-huit ans, j'étais avec ce monde, j'étais un juste qui cherchait sa consolation dans le monde profane.* » [68]

Raspoutine guérisseur, c'est sans doute son visage le plus fascinant. Moujik russe, pèlerin mystique, il deviendra le guérisseur attitré de la cour du tsar Nicolas II, une cour attirée par les sciences occultes et déjà imprégnée par les influences des guérisseurs comme Maître Philippe de Lyon. C'est une rencontre improbable entre le peuple, la voix de la terre russe qui s'exprimait par sa bouche, et la Cour impériale russe. L'écrivain Vladimir Fédorovski exprime bien cet ancrage de Raspoutine à la terre russe quand il rapporte : « *Il fit souffler le vent des steppes sur la cour des tsars, repliée sur elle-même et divisée en factions.* » [69]

Raspoutine devient progressivement un saint. Ayant reçu l'influx divin, il se plonge dans la lecture de la Bible et mâchonne la parole de Dieu au point d'en devenir un exégète. Dès l'âge de seize ans, il parcourt les villages russes, en proie à des crises mystiques et à des visions comme celle de la Vierge lumineuse qu'il aurait eue en 1894 alors qu'il travaillait dans les champs. Le voilà ici, aux carrefours des routes poudreuses, tenant des discours évangéliques, et là, sur les places de marché, récitant des paraboles. Entre deux voyages mystiques, il se marie, épousant en 1888, à l'âge de dix-neuf ans, une jeune paysanne, Praskovia Feodorovna, du village

---

68   Grégory Raspoutine, *La vie d'un pèlerin éprouvé*, texte inédit paru en annexe 1 au livre de Jean-Louis Gouraud *Le pèlerin émerveillé*, éd. Actes Sud, Babel, 2012.

69   Vladimir Fédorovski, *Le roman de Raspoutine*, éd. Le Rocher, 2011.

de Doubrovnoïé. Il n'est pas épargné par les malheurs puisque sur cinq enfants qui naissent de ce mariage, trois meurent prématurément. Malgré de multiples infidélités, Raspoutine reviendra toujours auprès de son épouse qui lui pardonnera tous ses errements.

Au fond, Raspoutine est un mystique autodidacte, pratiquant l'ascétisme intuitif, pouvant rester parfois reclus trois semaines dans la cave de son père. Lorsqu'il en ressort, les habitants de son village et les paysans des alentours accourent vers lui pour se faire soigner, pour avoir son avis sur des questions domestiques ou agricoles et surtout recueillir ses oracles. Pendant quinze ans, il alterne la vie de paysan moujik au village et les retraites dans des monastères où il rencontre les startsy pour suivre leurs enseignements. C'est ainsi qu'il devient un fol de Dieu, un inspiré par Dieu. C'est pour cela qu'on peut dire que Raspoutine est à la fois un pèlerin mystique et un guérisseur dans la grande tradition des vieux croyants russes, parcourant des centaines de kilomètres dans les immensités sibériennes. C'est ainsi que Raspoutine le débauché devient Raspoutine le saint, le père Grigori. Quoiqu'il ait à peine trente ans, ses adeptes le désignent ainsi, par respect, comme on fait pour les religieux, donnant au mot staretz le sens de Vénérable.

Pétri de la foi en Dieu, Raspoutine soigne tour à tour les chevaux de son père et visite les monastères à la recherche du silence. Toujours dans *La vie d'un pèlerin éprouvé*, il évoque ses visites dans les monastères de Kiev, les églises de Moscou et de Pétersbourg. Il se rend souvent au monastère de Verkhotourié, où il séjournera trois mois. Il ne boit plus, il devient un strannik, un pèlerin vagabond qui bénéficie de l'hospitalité des monastères. Il rapporte même qu'il disait aux brigands qui l'attaquaient sur les routes désertes : « *Cela n'est pas à moi, c'est à Dieu. Prenez ce que j'ai, je vous le donne de bonne grâce.* » [70] On sait qu'il aura un maître spirituel, Makari, un moine ascète à qui il évoque sa foi et qu'il considère comme son père spirituel. Celui-ci le guide et lui conseille d'abandonner son métier de fermier, de se plonger davantage dans la religion et de se rendre au mont Athos, en Grèce. Ce voyage est un pèlerinage de deux ans inspiré par la parole de Dieu, deux ans de voyage à pied jusqu'en Grèce. C'est une longue marche à travers la Russie. Raspoutine part besace sur le dos, suivant les vieux chemins et s'imprégnant de la nature. Sa foi en Dieu est teintée de panthéisme, car pour lui, Dieu palpite dans les arbres, frémit dans le chant des oiseaux, glisse dans le vent. Pour lui, la nature est le temple de Dieu. Au printemps, son âme fleurit. En hiver, la sève plonge dans les racines cachées au plus profond de la terre. C'est ainsi qu'il clame : *« La nature pleine de sagesse peut apprendre beaucoup de choses, chaque arbre le peut, et le printemps aussi. Le printemps, c'est une grande fête pour l'homme en quête spirituelle. »* [71]

C'est dans ce contexte qu'en 1904, muni d'une lettre de recommandation pour l'évêque Sergui, Raspoutine arrive à Saint-Pétersbourg, capitale de la Russie. Il conquiert par son charisme et sa ferveur les notables religieux de la ville dont l'évêque Théophane de Poltava, confesseur de la tsarine. Voici comment Maurice Paléologue, ambassadeur de France à Saint-Pétersbourg, rapporte cette rencontre : *« En 1904, sa pieuse renommée et l'odeur de ses vertus arrivèrent jusqu'à Saint-Pétersbourg. Le fameux visionnaire, le père Jean de Cronstadt, qui avait consolé, sanctifié l'agonie d'Alexandre III, voulut connaître le jeune prophète sibérien ; il le reçut au monastère Saint-Alexandre-Nevski et se félicita de constater, à des*

---

70   Op. cité.
71   Op. cité

signes certains, qu'il était marqué de Dieu. » [72]

Après cette apparition dans la capitale, Raspoutine reprend le chemin de Pokrovskoïe. Dès lors, Grigori ne se contente plus de fréquenter des moujiks et des popes, mais aussi *« des archiprêtres et des higoumènes, des évêques et des archimandrites, qui s'accordaient tous, comme Jean de Cronstadt, à reconnaître en lui "une étincelle de Dieu." »* [73]

Il se passe une bonne année avant que la grande duchesse Militza ne se décide à le faire connaître aux tsars. N'oublions pas qu'à cette époque, Raspoutine est perçu comme un saint auréolé d'une immense réputation de guérisseur. Il arrive à la cour impériale dans un moment troublé de l'histoire russe, car la première révolution vient d'avoir lieu. Le manifeste d'octobre 1905 libéralise le régime et donne des libertés civiles. Les troubles politiques, les germes de la future révolution de 1917 sont donc déjà bien implantés dans les rapports sociaux. Par l'intermédiaire de la grande duchesse Militza et de sa sœur, la grande-duchesse Anastasia, Raspoutine est présenté à la famille impériale au grand complet le 1ᵉʳ novembre 1905. Il offre à chacun de ses hôtes des icônes. Il apprend alors que le jeune tsarévitch Alexis est en train de faire une crise d'hémophilie. Raspoutine demande à être conduit au chevet du jeune malade et lui impose les mains. Il chuchote des mots mystérieux à l'oreille de l'enfant mourant. Il parvient à enrayer la crise et à le soulager. L'enfant retrouve la vie. On le voit courir dans les jardins du palais d'Hiver. Le lendemain, le tsar Nicolas écrit dans son journal : *« J'ai*

72   Maurice Paléologue, *La Russie des tsars pendant la grande guerre (20 juillet 1914 - 18 août 1916),* 1922, Paris.

73   Maurice Paléologue, *La Russie des stars pendant la grande guerre, propos rapportés de la comtesse B. tenus à Tsarskoïsé-Sélo (palais du XVIIIe siècle situé à Pouchkine) le 27 septembre 1914,* in Revue des deux Mondes, Tome soixante et unième, 1921.

fait la connaissance d'un homme de Dieu qui s'appelle Grigori. Il vient de la province de Tobolsk. »

Dès lors, le moujik acquiert la reconnaissance de la famille impériale et de ses proches. C'est l'homme providentiel que Dieu leur a envoyé. Des témoignages concordants attestent que Raspoutine a atténué plusieurs fois les souffrances du jeune tsarévitch, réussissant à stopper de nombreuses hémorragies qui auraient pu lui être fatales en 1912 et 1915. Selon certains observateurs, le secret de ce miracle tient dans le fait que Raspoutine interdit l'aspirine au jeune malade, ce médicament anticoagulant qui aggrave l'hémophilie.

Raspoutine est vénéré par l'impératrice comme l'« homme de Dieu » voué à sauver son fils et, au-delà, la Russie. Dès lors, le tsar et la tsarine ne peuvent plus se passer de lui. Alors que personne n'est autorisé à venir voir le tsar et la tsarine sans demander une audience longtemps à l'avance, Raspoutine visite les souverains selon son gré. On peut lire dans le journal du tsar en date du 29 février 1909 : *« ... à deux heures et demie, Grigori est venu nous voir, et nous l'avons reçu avec les enfants... C'était tellement agréable de l'écouter en famille. »* Toujours en 1909, le 26 avril, le tsar écrit : *« de 6 heures à 7 h 30 nous avons vu Grigori. Le soir, je suis resté un peu avec Grigori dans la chambre d'enfants. »*

Charismatique, Raspoutine produit un ascendant mental puissant sur ses interlocuteurs, quasi hypnotique. C'est vers Raspoutine que le couple se tourne quand le jeune Alexis a des malaises ou quand la tsarine a des problèmes cardiaques. En signe de reconnaissance, la tsarine lui donne des chemises en soie rouges ou blanches et des chaussures laquées.

Nicolas II décide d'écarter Raspoutine quand les détails de ses nombreuses fêtes orgiaques décrites par la police sont publiés dans tous les journaux, en 1910. Pourtant, à la même époque, le tsarévitch Alexis Nikolaïevitch fait une très grave crise. On fait dire des messes pour son âme pendant une semaine, on lui administre même l'extrême-onction, et puis la tsarine se décide à envoyer un télégramme à Raspoutine, qui était retourné dans sa Sibérie natale. Celui-ci se met aussitôt en transe et télégraphie que le tsarévitch est sauvé, ce qui révélera exact. Dès lors, Raspoutine revient en grâce.

Raspoutine, c'est le peuple à la cour. Maurice Paléologue, ambassadeur de France en Russie en 1916, qui l'approche plusieurs fois, en fait un portrait saisissant et volontairement inquiétant : « *Cheveux noirs, longs et ébouriffés, barbe raide et noire, front haut, nez large et droit. C'est dans ses yeux que le visage se concentre, des yeux bleu clair parcourus d'étranges lueurs, profondes et envoûtantes.* » [74] Les yeux de Raspoutine parcourus d'étranges lueurs qui resteront ancrées dans la mémoire du prince Félix Youssoupov, son assassin, car c'est ce même regard que l'on retrouvera dans la vingtaine de *Grotesques* que le prince peindra en Corse, dix ans après la mort de Raspoutine.

Raspoutine est un réseau social à lui tout seul. En effet, le premier visage de la séduction chez lui est son talent d'intermédiaire entre l'administration centrale et les Russes. Invité à leurs fêtes ou réunions autour d'un thé, il fait la connaissance de nombreuses femmes riches qui le prennent pour amant et guérisseur. L'une d'entre elles, Olga Lokhtina, épouse d'un général influent, mais crédule, le loge chez elle et le présente à d'autres femmes d'influence, comme Mounia Golovina, nièce du tsar, et surtout Anna Vyroubova, amie et confidente de la tsarine, qui, selon Michel

---

74   Maurice Paléologue, *La Russie des tsars pendant la grande guerre (20 juillet 1914 - 18 août 1916)*, 1922, Paris.

de Enden, joue « *une place de premier ordre dans l'épopée raspoutinienne.* » [75]

C'est à cette époque que Raspoutine s'installe dans un grand appartement à Saint-Pétersbourg, au 3 avenue d'Angleterre, où il attire jusqu'à deux cents personnes par jour, une foule d'initiés et d'adeptes, de teinturiers, de cochers, de ducs et de comtesses, tous attirés par son pouvoir de guérisseur et d'intermédiaire politique auprès de la famille impériale. Il reçoit ses visiteurs vêtu d'une grande blouse blanche de paysan et d'un pantalon en velours noir. Aux pieds, des bottes toujours bien lustrées. Il a la peau sombre et ridée. Les cheveux sont séparés au milieu avec une raie et il porte une longue barbe. Le regard est fixe, insistant, magnétique, troublant. Aux murs, des icônes.

Plus tard, Raspoutine déménage au 64 rue Gorokhovaïa. Il charme toujours autant ses visiteurs qui défilent, jusqu'à trois cents certains jours, pour solliciter ses faveurs. Il se coupe les cheveux et apprend les bonnes manières de la cour. Le mage porte désormais au cou une croix d'or, cadeau du tsar, avec laquelle il exorcise les jeunes femmes. Il est accompagné dans ses tâches quotidiennes d'une femme de confiance, Akilina Laptinskaïa, « sa colombe », son ange gardien dévoué, et d'un secrétaire, Aron Simanovich. Les journées sont flamboyantes, Raspoutine est frénétique, le téléphone sonne sans arrêt : « ... *le salon, la salle à manger et la chambre grouillant de femmes bourdonnantes comme des guêpes, jeunes et vieilles, pâles ou maquillées, qui entraient et sortaient, chargées de bonbons, de fleurs ou de toutes sortes de boîtes qui jonchaient le sol...* » [76]

Très populaire, Raspoutine secourt d'abord les pauvres et les

---

75   Michel de Enden, *Raspoutine et le crépuscule de la monarchie en Russie*, éd. Fayard, 1991.

76   Edvard Radzinsky, *Raspoutine, l'ultime vérité*, éd. J.-C. Lattès, 2000.

indigents. Il est considéré comme un bienfaiteur, soignant et apaisant les malades dans son appartement, distribuant les onguents et les philtres. C'est la partie mystique, éternelle de Raspoutine. Il aide aussi tous les intrigants de la cour, sénateurs, candidats à des postes de fonctionnaires, veuves sans pension, justiciables, hommes d'affaires, colonels, tous cherchant des soutiens dans leurs démarches administratives et militaires. Si ses services sont gratuits pour les pauvres, il exige en revanche de toucher des commissions dans les affaires importantes. Raspoutine fait jouer son influence auprès du tsar dans des affaires délicates et intervient même dans le cours d'instructions judiciaires.

Mais ce moujik qui a l'oreille favorable de la tsarine est surveillé, traqué même par la police, car il est trop proche du tsar, trop incertain. Une police qui le suit dans les cabarets tziganes et qui fait des rapports défavorables notamment sur ses mœurs. Une police qui le surveille sur ordre du Premier ministre Stolypine, décrivant ses nuits comme de longues beuveries en compagnie de demi-mondaines dans les célèbres tavernes tziganes le *Yar* et le *Strelna* où Raspoutine danse jusqu'au matin. Comme l'écrit Radzinsky, Raspoutine mène une vie débridée à Saint-Pétersbourg entre prostituées et aristocrates, amoureuses de l'envoyé de Dieu à la barbe hirsute et au regard hypnotique. Selon Raspoutine, vivre est une longue lutte contre les tentations de Satan qui lui murmure à l'oreille les délices des amours charnels. Alors Raspoutine, qui a une sexualité débordante, cède. *« Pour atteindre la sainteté, il faut passer par le péché »*, dira-t-il souvent. C'est-à-dire passer par la fête du corps, mais ce n'est pas un libertin, car il se repent après chaque orgie. Il se flagelle. Il considère que pour traverser le péché, il faut connaître le péché.

Edvard Radzinsky résume bien cette contradiction chez Raspoutine quand il écrit : « *Avec l'éternelle naïveté du paysan russe inculte, il tenta de concilier les passions charnelles secrètes et la doctrine du Christ.* » [77] L'appel de la chair est fort chez cet homme plein de vigueur, c'est une sorte de chaman sexuel. Ses ennemis le surnomment même le diable sacré. Et pourtant, Raspoutine a un projet, réconcilier l'éveil spirituel et les besoins sexuels, s'inspirant du message de la secte des khlysty (flagellants) qui mêlait danse, flagellation et extase religieuse. Comme le résume bien Vladimir Fédorovski : « *Autour de lui, il y a un univers extraordinaire où se mêlent les tsars, les palais, Saint-Pétersbourg, Tchekhov, Stravinsky ou encore les ballets russes. Il représente la quintessence de cette époque.* » [78]

RASPOUTINE, LE CONSEILLER OCCULTE

Raspoutine avec l'Impératrice et ses enfants

« *Notre cher ami* », comme le surnomme l'impératrice, joue un double rôle auprès du couple impérial, celui d'un thaumaturge et celui d'un conseiller. Le tsar lui-même confiait à ses aides de camp : « *Quand j'ai une*

---

77   Edvard Radzinsky, *Raspoutine, l'ultime vérité*, éd. J.-C. Lattès, 2000.

78   Vladimir Fédoroski, *Le roman de Raspoutine*, éd. Le Rocher, 2011.

préoccupation, un doute, une contrariété, il me suffit de causer pendant cinq minutes avec Grigori pour me sentir aussitôt raffermi et rassuré. Il trouve toujours à me dire ce que j'ai besoin d'entendre. Et l'effet de ses bonnes paroles persiste en moi pendant plusieurs semaines. » [79]

Raspoutine évolue au milieu du tumulte révolutionnaire entre 1905 et 1917. Il répète à son entourage qu'il travaille à l'inspiration, porté par l'intuition divine. Raspoutine est un homme d'influence, mais ses interventions produisent de l'instabilité politique. Il inspire tout particulièrement l'impératrice dans le choix des ministres et des Premiers ministres. Celle-ci écrit en octobre 1915 au tsar qui est sur le front : *« Il faut toujours suivre ses prescriptions, elles ont un sens profond »*, car, il faut le noter, le tsar ne suit pas toujours les conseils de Raspoutine, le fameux père Grigori.

La tsarine, confortée par son « cher ami », intervient de plus en plus dans la politique. Elle écrit ainsi à son mari le 14 décembre 1916 : *« Notre cher ami t'a demandé de dissoudre la Douma... Sois donc Pierre le Grand, Ivan le Terrible, écrase-les tous sous tes pieds. »*

Pendant la guerre, quand le tsar est au front, Raspoutine conseille politiquement la tsarine. Il travaille dans l'ombre et possède un pouvoir d'influence politique très fort, pouvoir qui va jusqu'à la nomination des ministres. Tel ministre on peut le changer, tel autre on peut le garder et le prendre. Les amis de la tsarine se réunissent le soir chez une duchesse, chez une princesse. On évoque alors tel ministre, tel général. Le lendemain, la tsarine obtient la nomination du prétendant. Ainsi en est-il de la nomination de Bar au poste de ministre des Finances en janvier 1914 sous l'autorité du Premier ministre Ivan Goremykine. Le tsar lui-même s'étonnera de

---

79   Maurice Paléologue, *La Russie des tsars pendant la grande guerre (20 juillet 1914 - 18 août 1916)*, 1922, Paris.

l'intervention de Raspoutine.

Mais Raspoutine n'a pas une conscience claire du travail gouvernemental. La preuve en est avec son intervention dans la nomination de Boris Stürmer comme président du Conseil le 2 février 1916, succédant à Ivan Goremykine, démissionnaire. Stürmer occupe ce poste de février 1916 à novembre 1916. Ne possédant aucune connaissance sur les affaires internationales, il est dans l'impossibilité de donner des ordres cohérents. Il est même soupçonné de germanophilie. Après la désastreuse offensive d'Alexeï Broussilov (du 4 juin 1916 à août 1916), on découvre que Stürmer a entamé des négociations de paix séparées avec les autorités allemandes. La pression est telle que Nicolas II est contraint de remercier son Premier ministre le 23 novembre 1916.

Dans le même temps, le grand-duc Nicolas Nikolaïevitch de Russie et le frère du tsar demandent que Raspoutine soit arrêté. Le clan des aristocrates fait courir le bruit que Raspoutine est au cœur d'un complot international, qu'il est un pion à la solde des Allemands. Les boyards vengeurs n'hésitent à dire que les souverains sont sous l'influence du mage noir et que la tsarine dévoilerait même des secrets militaires que Raspoutine revend aux autorités allemandes. Toutes ces rumeurs ont une conséquence lourde : le découragement de l'armée. Or Raspoutine est pacifiste. À l'impératrice, qu'il appelle *« petite maman »*, il confie qu'il espère en un calme pacifique. Il défend la non-intervention militaire dans le conflit avec l'Allemagne, à l'opposé de l'état-major et de la cour. Le 1er août 1914, le starets a l'intuition d'une catastrophe. Il pressent dans ses prophéties rapportées par ses confidents que *« l'humanité sera écrasée par le fracas des fous et des malfaiteurs. La sagesse sera enchaînée. Ce seront l'ignorant et le tyran à dicter les lois au sage et aussi à l'humble. Et ensuite la plupart des hommes croiront aux puissants et ne croiront plus en Dieu. »*

Cette profession de foi lui vaut la haine d'une partie de l'aristocratie. Hostilité qui enveloppe l'impératrice, une Allemande d'éducation anglaise. Née Victoria Alix Hélène Louise Béatrice de Hesse et du Rhin. Parmi les principaux ennemis de Raspoutine, il y a le grand-duc Nicolas Nikolaïevitch, commandant suprême des armées impériales. Dès lors, le parti de la guerre décide de se débarrasser de Raspoutine, le pacifiste. Le grand-duc, le généralissime, forme même un temps le projet secret de cloîtrer la tsarine, pour l'arracher à la dangereuse influence de Raspoutine, soupçonné de germanophilie. Le grand-duc et ses amis considèrent que la souveraineté de la Russie a été donnée à un traître et un Antéchrist qui s'adonne aux vins capiteux, à la danse, aux bains et au libertinage. C'est à cette époque que Raspoutine est poignardé, le 29 juin 1914, par une mendiante à qui il fait l'aumône, au sortir de l'église de son village sibérien. Celui qui a armé la main de la vieille femme était un moine jaloux de ses succès.

Raspoutine n'est pas un simple pacifiste, il est aussi un mystique nationaliste. Il dit souvent qu'il absorbe tous les péchés de la Russie. Il illustre cette légendaire « âme russe » du début du XXe siècle, décrite par Tolstoï et Dostoïevski. Pour la tsarine, il est le lien entre le pouvoir et la Russie populaire. C'est ainsi qu'il va devenir progressivement un danger politique.

En 1916, le président de la quatrième Douma, Mikhaïl Rodzianko, demande à l'empereur de se débarrasser de Raspoutine, car il joue un rôle néfaste sur l'empire et qu'il détruit la confiance que le peuple a dans son empereur. Le même Rodzianko va même plus loin en dénonçant en novembre 1916 l'influence néfaste de Raspoutine auprès des dirigeants russes, considérant que les ministres du tsar sont devenus des marionnettes dans les mains de Raspoutine avec la complicité de l'impératrice Alexandra.

Pour ses ennemis, Raspoutine n'est pas un homme politique qui inspire confiance. C'est un moujik illettré, impulsif, visionnaire, fantasque, plein de contradictions. Rejeté par les aristocrates, rejeté par les révolutionnaires, Raspoutine est de plus en plus isolé. Désormais, son destin est scellé, car c'est à cette époque que le prince Félix Youssoupov et ses complices décident de se débarrasser de lui en mettant en place une conspiration. Les ennemis de Raspoutine voient en lui un charlatan débauché, pire, un espion qu'il faut éliminer au plus vite.

L'ASSASSINAT

D'après la déposition de Leonid Moltchanov lors de la *Commission extraordinaire d'enquête* sur l'assassinat de Raspoutine, et cité par Edvard Radzinsky, Raspoutine évoque souvent la mort à partir de l'automne de 1916, proclamant même en octobre 1916 : « *Les temps vont changer, tout va changer.* » La légende de Raspoutine est si forte qu'on lui attribue une lettre en forme de testament destinée à son secrétaire Simanovitch en décembre 1916, où il aurait dit en substance au crépuscule de sa vie : *Je sens qu'avant le 1ᵉʳ janvier, je ne serai plus de ce monde. Je voudrais faire savoir au peuple russe, à Papa et à la mère des Russes, aux enfants, à la terre de Russie, ce qu'ils doivent comprendre. Si je suis tué par des assassins communs, et en particulier par mes frères les paysans, toi, tsar de Russie, ne crains rien, demeure sur ton trône et gouverne. Mais si je suis mis à mort par les boyards ou des nobles, et s'ils font couler mon sang, leurs mains demeureront à jamais souillées et, durant 25 ans, ils ne parviendront pas à le faire disparaître. Ils quitteront le pays... Les frères tueront les frères, ils s'entre-tueront. Et pendant vingt-cinq ans il n'y aura pas de nobles dans le pays.* » En réalité, cette lettre n'est pas de Raspoutine, mais elle ajoute au mythe prégnant du saint maudit russe.

En 1916, les défaites de la Russie au front et la décomposition de l'État provoquent une immense indignation populaire dans tout le pays. La guerre est mal engagée du côté des Russes, car le tsar est un médiocre chef de guerre. Les aristocrates, qui cherchent un responsable, désignent Raspoutine comme le seul responsable des désastres militaires. C'est la mauvaise influence de Raspoutine sur le tsar, disent-ils, qui provoque ces désastres. Pire, des rumeurs circulent : la défaite de l'armée s'explique, selon l'opinion publique, par le fait que Raspoutine est vendu à l'Allemagne. Raspoutine devient un monstre à abattre. C'est le jeune prince de 29 ans Félix Youssoupov qui va se charger de la mise à mort de Raspoutine, fruit d'une conspiration organisée sans doute par la propre mère du tsar, avec l'aide du grand-duc.

Le 16 décembre 1916 au soir, le prince Félix Youssoupov invite Raspoutine chez lui sous le prétexte de lui présenter sa femme, la princesse Irina Felixovna Youssoupova, pour laquelle il languit depuis longtemps. Youssoupov, chef des conspirateurs, est entouré de plusieurs complices : le docteur Stanislas Lazovert, censé avoir fourni le cyanure, mais qui, en fait, ne donnera qu'une poudre inoffensive, le lieutenant Soukhotine et le député à la Douma Pourichkevitch. Youssoupov est un dandy homosexuel qui aime à s'habiller en femme. Dans son journal, le grand-duc Nikolaï Mikhaïlov évoquera même la « passion charnelle » qui aurait uni la victime à son meurtrier.

Au son d'un gramophone qui chante *Yankee Doodle*, Raspoutine est assassiné dans le palais de Youssoupov, à Saint-Pétersbourg. Son corps jeté dans la Neva. Un corps crispé dans la mort, que la police retrouvera le lendemain.

Dans *La fin de Raspoutine*, le prince Félix Youssoupov décrit le crime : « *Je regardais avec effroi ma victime, tranquille et confiante devant moi... Qu'était devenue sa clairvoyance ? À quoi lui servait le don de prédire l'avenir, de lire la pensée des autres s'il ne voyait pas le terrible piège qu'on lui tendait ? On aurait dit que le destin jetait un voile sur son esprit pour que justice se fasse.* » [80] Plus loin, il écrit encore : « *"Grégory Ephimovich, lui dis-je, vous feriez mieux de regarder le crucifix et de dire une prière." Raspoutine jeta sur moi un regard étonné, presque effrayé. J'y vis une expression nouvelle que je ne lui connaissais pas. Ce regard avait quelque chose à la fois de doux et de soumis. Il vint tout près de moi et me regarda bien en face. On aurait dit qu'il avait lu enfin dans mes yeux quelque chose à quoi il ne s'attendait pas. Je compris que le moment suprême était venu.* »

"D'un geste lent, le prince tire le revolver de derrière son dos, vise au cœur Raspoutine et tire. Raspoutine tombe, mais n'est pas mort, il titube, sort dans la nuit, marche dans la neige, agonisant."

Selon l'écrivain Vladimir Fédorovski, qui a mené sa propre enquête, cette version du crime est romancée. Il considère que « *dans cette affaire, il y eu beaucoup de mensonges.* » En effet, l'ancien diplomate russe affirme que ce n'est pas le prince qui a porté les coups fatals : « *Raspoutine est mort après avoir reçu trois balles dont une qui a été tirée par un tireur d'élite selon des experts en balistique, vraisemblablement par le grand-duc Dimitri qui d'ailleurs en privé confirmait que c'était bien lui qui l'avait tué.* » [81]

Les historiens ajoutent désormais dans le complot la présence d'Oswald Rayner, un ex-officier du Renseignement anglais au sein du Secret Intelligence Service, qui achève Grigori Raspoutine. En effet,

---

80   Félix Youssoupov, *La fin de Raspoutine*, éd. Plon, 1927.
81   Op. cité

les Britanniques redoutent que Grigori Raspoutine veuille faire retirer les troupes russes engagées sur le front de l'Est contre l'Allemagne. La participation fatale d'Oswald Rayner sera longtemps gardée secrète.

Après l'assassinat de Raspoutine, le grand-duc Dimitri comparaît devant le président du Conseil. Le tsar l'exile alors sur le front de Perse, ce qui lui sauve la vie, à la différence de son père, de son demi-frère et de sa tante.

Une dernière légende circule, celle de la taille du sexe de Raspoutine. À sa mort, il fut émasculé et son membre fut considéré comme un charme de fertilité. On prétend qu'on peut le voir au musée de l'Érotisme de Saint-Pétersbourg.

Dans *J'ai tué Raspoutine,* 1967, un film de Robert Hossein, on voit et on entend le prince Youssoupov, à la fin de sa vie, évoquer la fin de Raspoutine. Dans un dialogue étrange, avec d'un côté l'historien Alain Decaux, grave et déférent, et de l'autre le prince Youssoupov et sa femme, distants et sûrs d'eux-mêmes, avec cette pointe d'arrogance dans le ton de la voix si caractéristique des aristocrates russes.

Ils sont assis tous les trois dans un salon, sans doute celui du prince. Celui-ci, lunettes noires, se tient très droit, le visage émacié. La princesse, plus petite, regarde fixement l'objectif. Les questions de Decaux sont précises, les réponses du prince surgissent cinglantes et acérées. L'effet dramatique est saisissant.

Alain Decaux demande :

– *Prince Félix Youssoupov, vous avez tué Raspoutine ?*

Youssoupov répond d'une voix métallique :

– *Oui.*

– *Quel âge avez-vous, prince ?*

– Près de quatre-vingt.

– Quel âge aviez-vous quand vous avez tué Raspoutine ?

– Vingt-neuf.

– Prince, appartenez-vous à la famille impériale russe ?

– Non, mais ma femme est la nièce de l'empereur Nicolas II.

Decaux se tourne alors du côté de la femme de Youssoupov, assise près de lui.

– Princesse, étiez-vous au courant du projet de votre mari ?

– Oui, j'étais au courant.

La voix est mélodieuse, avec un lointain accent chargé de nostalgie de la terre russe.

– L'aviez-vous approuvé ?

– Oui.

– Princesse, on a dit, on a même répété que vous avez été en quelque sorte l'appât dont se serait servi votre mari pour attirer Raspoutine chez lui le soir du meurtre.

– Ce n'est pas vrai du tout.

– Pourquoi ?

La princesse hésite, elle bredouille :

– Parce que je n'étais pas là, parce que j'étais en Crimée.

Decaux s'adresse à nouveau à Youssoupov :

– Prince, au soir de votre vie, quel sentiment éprouvez-vous à son égard ?

– Le dégoût.

– Aviez-vous un intérêt personnel au meurtre de Raspoutine ?

– Aucun.

– Prince, dans des circonstances identiques, referiez-vous ce que

vous avez fait ?
– Oui.

ÉPILOGUE

Mais l'histoire de Raspoutine de ne s'arrête pas là. Son souvenir continue de hanter les protagonistes. En 1929, le prince Youssoupov et sa femme vivent dans une villa en Corse près de Calvi, un prince et sa femme en exil, marqués par la révolution bolchevique, la nostalgie de la terre patrie et l'assassinat de Raspoutine. À cette époque, le prince est saisi d'une *« envie irrésistible de dessiner ».* [82] Enfermé pendant vingt jours dans sa chambre, cet homme qui n'avait jamais peint ni dessiné réalise une série de monstres, dix-huit *Grotesques*, représentant les vices et les désirs troubles de l'homme. Rivé à sa table comme par un sortilège, ce qu'il voit naître sous son crayon, c'est une galerie de créatures de cauchemar. Lui qui n'aimait que la beauté sous toutes ses formes peint des caricatures sous forme de monstres, des créatures grotesques et difformes semblables à celles que représentaient les imagiers du Moyen Âge

L'Envie et l'Étonnement

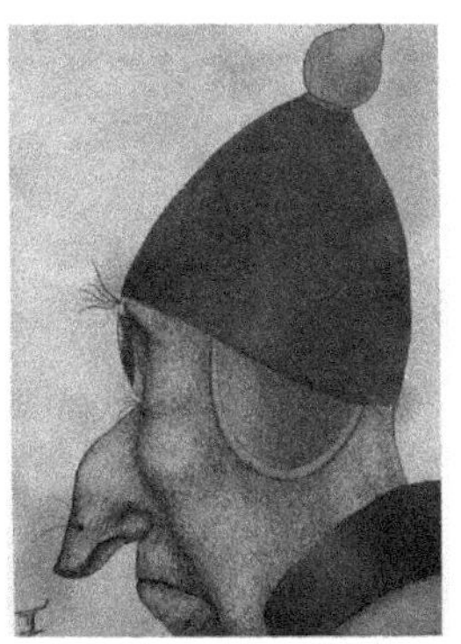

---

82   Félix Youssoupov, Mémoires, *En exil*, éd. Le Rocher, 2005.

Prince le jour, il se transforme la nuit en peintre médium, communiquant avec sa victime, obéissant à un protocole précis. C'est toujours après minuit que Youssoupov se met au travail, glissant dans son bureau et étreignant avec gourmandise ses pinceaux et ses crayons. Dans un état somnambulique, il accouche de ses mains expertes les visages de l'Envie, du Désir, de l'Indifférence, de l'Étonnement, de la Curiosité, du Flegme et du Doute. Quand un ami lui demande s'il avait une technique, des sources d'inspiration, Youssoupov répond : *« On aurait dit qu'un pouvoir maléfique se cachant en moi essayait de s'exprimer en guidant ma main »*. [83] Bien sûr, on aura tous compris que ce pouvoir maléfique était l'esprit de Raspoutine qui hantait sa conscience. Aujourd'hui, on n'a repéré que sept de ces *Grotesques* chez un collectionneur parisien dont il vaut mieux garder l'anonymat, deux à Marbella et un à Londres, les autres étant dispersés à travers le monde.

Les proches du prince comme sa petite-fille la comtesse Xénia ont expliqué qu'*« il exorcisait ainsi son crime en peignant les mille visages de Raspoutine »* [84] et composant sans le savoir l'une des plus mystérieuses séries de monstres du XXe siècle.

---

83   Op.cité

84   Entretien entre la comtesse Xénia et l'auteur, 1993.

Richard Dalla Rosa

Né à Charleville-Mézières en 1974, professeur de Lettres classiques et animateur d'ateliers d'écriture, Richard Dalla Rosa a publié une dizaine d'ouvrages : nouvelles (La Nuit des heures, Pierron, 1997), récit historique (Tisphoné, démon de Socrate, Autrement, 2000), romans (*Cascamouche,* Desmaret, 2004), catalogue d'artiste (*Anamorphoses,* Bernard Pras, galerie Bruno Delarue, 2001), articles (« Les Mots dans les murs », NRF Gallimard, 2000), proses poétiques (*Éloge des forêts depuis la vitre d'un wagon & inédit*s, Société des Écrivains Ardennais, 2015). Après avoir représenté sa région en tant que cinéphile au Festival de Cannes pour le Jury Jeunesse en 1994 et la France en tant que poète aux Jeux de la Francophonie à Ottawa en 2001, il se consacre désormais à la promotion de la lecture et de l'écriture, en présidant la Société des Écrivains Ardennais qui propose un club-lecture mensuel depuis plus de dix ans à Charleville, et en préparant des projets de livres, de scénarios et de pièces de théâtre.

En introduction, un rapide état des lieux, ou pourquoi une telle conférence…

En 1890, un certain Albert Meyrac fait publier un très gros volume sur les « Traditions, coutumes, légendes et contes des Ardennes »[85]. Dans cette somme de travail qui relève de recherches et d'enquêtes, c'est toute la mémoire d'un département qui est conservée, conservée jusqu'à

---

85   *Traditions, coutumes, légendes et contes des Ardennes,* Albert Meyrac, réédition de l'ouvrage de 1890, Editions du Bastion, 2001.

maintenant, au XXIe siècle, qui a vu deux ouvrages illustrés voir le jour aux Éditions de la *Société des Écrivains Ardennais* : « Petit guide de féérie en Ardenne », en 2006, et « Petit guide de sorcellerie en Ardenne » en 2009. Beaucoup de contes et légendes qui s'y trouvent proviennent de l'ouvrage d'Albert Meyrac, synthétisés et accompagnés de dessins afin de toucher ce qu'on appelle le « grand public ». L'idée était de défendre et illustrer notre patrimoine légendaire, un peu moins connu que celui de notre lointaine cousine, la Bretagne, notamment par la jeune génération de lecteurs. Ce fut un succès, notamment pour le premier titre qui a nécessité un retirage. Comme quoi, la force des contes et légendes n'est pas à démontrer ici. Nous sommes, êtres humains, « une **espèce fabulatrice** », comme le dit Nancy Huston dans son essai portant ce titre, où elle démontre que l'espèce humaine se différencie des autres par sa capacité de **narration**, celle d'inventer des histoires pour **donner sens au réel** qui l'entoure.

Démonologie

Donner sens au travers d'histoires : rien de neuf sous le soleil sur ce point évident depuis l'antiquité. Mais pourquoi ces histoires autour du Diable et des démons ? Pourquoi donner sens au mal ? Pour mieux l'identifier, pourrions-nous rétorquer. C'est ce que répond Fred Vargas, par exemple, quand elle parle de ses romans policiers qui trouvent leur raison d'être dans **l'identification du mal** par et dans l'humanité. Aussi, comme le dit Jean-Luc Duvivier de Fortemps dans son livre « Légendes ardennaises »[86], il est vrai que « le Diable est l'être fantastique le plus rencontré dans les légendes géographiques » (p.41), puisqu'un récit est toujours attaché un site, comme nous le verrons par la suite. « Le nombre des rochers et des pierres qui lui

---

86   *Légendes ardennaises*, Jean-Luc Duvivier de Fortemps, Pierre Margada Editeur, Bruxelles, 1989

sont attribués est considérable. Beaucoup de ses monolithes ont gardé le souvenir d'un culte préhistorique et leur appartenance au diable a jeté sur eux une sorte de discrédit, de damnation, messire Satan personnifiant souvent le vieux paganisme » (p.41). Nous n'insisterons pas sur le poids de la religion dans les contes et légendes, puisqu'en face du « **donner sens** » dont nous parlions, il y a le « **prêter foi** » : entre la croyance et la connaissance, un gouffre est ouvert depuis le début de notre histoire humaine, et tout peut y trouver sa place, à l'échelle de notre imagination ou de notre vécu. Aussi, le thème légendaire le plus fréquent ici est celui du **diable dupé**. Dans ce genre de récit où il joue le mauvais rôle, du moins le rôle du Mauvais, « le Malin s'offre à bâtir un édifice quelconque en un temps donné. Pour prix de ses services, il exige l'âme du bénéficiaire. Mais le diable finit toujours par être déjoué, roulé, trompé. L'édifice, souvent inachevé, demeure ou s'écroule. Quant au Malin, dépité et maugréant, il regagne son enfer en laissant derrière lui une odeur de soufre. » (p.41). L'exemple le plus connu peut-être, dans les Ardennes françaises, est celui de **Roc-la-Tour**, situé dans les hauteurs de Monthermé. Vous allez voir ce qui est arrivé au Diable et à ses démons…

Le site de Roc-la-Tour

Je vais vous présenter deux versions de cette histoire sur laquelle nous allons nous pencher : la première mise en forme, par Albert Meyrac, en 1890, et une autre, proposée par Jean-Paul Vaillant, en 1929.

Version de Meyrac : une demi-page, comme un condensé de l'histoire. Les notes en bas de pages donnent des informations supplémentaires sur la géographie de la légende… Voici cette première version, intitulée « Le Château du Diable » :

« Il y a de cela longtemps, bien longtemps, un seigneur, — la légende ne dit pas son nom — voulut faire bâtir un château-fort sur les rochers qui surplombent les eaux si limpides de la Semoy et donnent à la vallée cet aspect pittoresque, sauvage, que ne se lasse jamais d'admirer le touriste. Comme son voisin, le suzerain du château de Linchamps dont on aperçoit encore les ruines imposantes au-dessus du village de Nohan, il prétendait, sans doute, commander le passage de la rivière et prélever un droit sur les bateliers.

Mais, comment faire élever ce château ? Il n'était pas riche, ce seigneur, et bâtir sur le flanc, ou même sur la crête de ces rocs abrupts, semblait chose presque surhumaine. Il eut donc recours à Satan (c'était assez l'usage il y a longtemps) qui, bon diable, promit au seigneur, en échange de son âme, de lui élever dans l'espace d'une seule nuit et avant le premier chant du coq le plus beau château qu'il y eût au monde.

Donc marché conclu et Satan, le soir même, se mit à l'œuvre. Aussi bien n'y avait-il pas une minute à perdre et le château grandissait à vue d'œil tant les lutins, les diablotins et les diables étaient actifs à maçonner, à charpenter, à menuiser. Mais, ils menaient si grand tapage, qu'un coq réveillé dans son sommeil, juste au moment où allait être posée la dernière pierre et croyant le jour venu à cause des feux follets qui éclairaient ce travail nocturne, poussa un cocorico retentissant.

-      Ah ! le Malavisé ! s'écria Satan, écumant de rage.

Et d'un seul coup de sa puissante patte fourchue, il démolit le château dont toutes les murailles, s'effondrant, dégringolèrent avec un bruit terrible dans la Semoy.

De ce château il ne reste plus trace aujourd'hui, mais, au pied même du roc, la Semoy vient se briser contre les grosses pierres, à fleur d'eau, qui la barrent dans son passage et font un remous saisissant. »

Après cette première version du conte, en voici une réécriture plus récente en termes de comparaison, portant le même titre, même si le château et le diable y perdent leur majuscule, et proposée près de quarante ans plus tard dans un recueil de légendes[87], par Jean-Paul Vaillant, le fondateur de la *Société des Écrivains Ardennais*, à qui par ce biais nous rendons hommage :

« Il était une fois un seigneur qui possédait une femme belle comme l'aurore. » *Ici notons dès à présent la présence d'un personnage féminin qu'on ne voit pas dans la version précédente, et surtout l'usage d'une figure de style récurrente, comme nous le constaterons au fil des pages : la comparaison, l'exemple ici est « belle comme l'aurore ». Reprenons :* « Mais comme il était pauvre, il se désespérait de ne pouvoir l'abriter que dans une misérable chaumière.

Il rêvait pour elle d'un palais somptueux. Il ne désirait pas d'autre site que celui où il vivait, et qui était incomparable, au fond d'une gorge profonde, où coulait la Semois parmi les rochers, les arbres et les fleurs. Mais le climat d'Ardenne est rude ; l'hiver s'y prolonge parfois jusqu'en juin, avec son cortège de neiges et de glaces. Le seigneur voulait pour sa gente dame un abri digne de son port de déesse, de son corps souple et

---

87   *Légendes ardennaises*, textes de Marcel Caruel, Henri d'Acremont, André Sécheret et Jean-Paul Vaillant, réédition de la première édition de 1929, Société Française du Livre, 1979

délicat, de ses yeux bleus comme le ciel, de ses épaules d'albâtre où sa chevelure se déroulait en volutes dorées comme des rayons de soleil. » *Soulignons ici le registre lyrique témoignant de l'amour pour la belle, et des comparaisons en guise de lieux communs, « yeux bleus comme le ciel », « dorées comme des rayons de soleil », contrastant avec le climat froid et gris de l'hiver annoncé.*

« Pour témoigner de son amour, il avait entrepris, malgré son titre, d'édifier en personne le château de ses rêves, en haut de la colline, d'où la vue est sans rivale. Mais comme il n'avait pas hérité de ses ancêtres plus de courage que de fortune (*remarquons ici le ton quelque peu ironique du narrateur*), il avait dû abandonner son téméraire projet, considérant d'ailleurs sagement qu'une vie entière n'eût pas suffi à son exécution.

Il déplorait amèrement de ne pouvoir arriver à ses fins lorsqu'il reçut la visite d'un grand escogriffe (*notons l'humanisation péjorative de Satan avec le vocable "escogriffe", qui n'est autre qu'un grand dadais dégingandé*) qui l'aborda en ces termes :

-          Haut et noble seigneur, j'ai appris ton embarras, et que pour l'amour de ta gente dame tu désirais un château digne de sa beauté.

Ému et troublé, le seigneur répondit :

-          O Étranger, comment as-tu pu deviner mon tourment, hélas trop certain ?

-          Veux-tu connaître mon secret, répliqua le passant, ou bien réaliser ton désir ? – Comme j'imagine que ma seconde proposition t'intéresse plus que la première, je t'offre de te construire, au sommet le plus élevé de cette région merveilleuse une demeure qui fera mourir d'envie tous les barons des Monts et des Ardennes. En moins d'une nuit, avant le chant du coq, tu la verras surgir là-haut, d'où tu domineras toute la Basse-

Semois. En échange de ce service, je te demande ton âme.

Le seigneur sembla réfléchir un peu, ce qui lui arrivait rarement (*encore l'ironie du narrateur !*). En adoration perpétuelle devant sa dame, il n'avait jamais médité sur les graves questions de la destinée. On lui apprenait qu'il avait une âme et le moyen d'en tirer parti…

-        *O Satan, patron de ma détresse*[88], s'écria-t-il, voici !

Et à peine l'écho de ces paroles avait-il retenti que déjà le diable s'était enfui, emplissant la vallée d'un épouvantable ricanement, et puis chantant d'un air guilleret, en inclinant la tête de droite et de gauche, et en faisant de grands gestes pointus empreints d'éternité :

> *Par moi l'on va dans la cité dolente,*
> *Par moi l'on va dans l'éternelle douleur,*
> *Par moi l'on va chez les âmes damnées…*[89]

***

Le site de Roc-la-Tour

---

88   Baudelaire
89   Dante

À la lueur des feux follets qui tremblent dans la nuit et se raniment à mesure qu'ils languissent, tout ce que le maître de l'enfer compte de serviteurs dans les cavernes et les ruisseaux de ces lieux travaille sans répit sur la haute montagne. Des grappes de nains déjà sont accrochées aux flancs du coteau, bavant et suant, qu'il arrive encore de tous les bois de l'Ardenne d'affreux annequins velus et de vilaines lumerettes, de chaque grotte sort en pirouettes une ronde de nutons, et des Hautes-Fagnes mêmes voici les sotets, après le sabbat. Les rauquements lugubres des oiseaux nocturnes dont le vol éperdu se projette en cônes d'ombre sur les lueurs qui lèchent le sol comme des larves, excitent les lutins et les farfadets. À chaque coup de hache tombe un chêne séculaire, entraînant dans sa chute les bouleaux clairs et rieurs, fêlant les roches brunes. Tout un pan de forêt s'écroule. Danse vertigineuse de bois qui s'entrechoquent en cliquetant comme des squelettes, broyant les nids d'où s'échappent mille petits cris plaintifs, frêle soupir sur la formidable agonie, réveillant les vipères grouillantes et sifflantes, et fracassant les lyres accrochées qui élèvent d'un ton d'esclave un thrène mélodieux, dont les rimes vont en roulant comme un rosaire de sanglots expirer sur les cailloux de l'onde.

Puis, sous la poussée décisive des ouvriers infernaux, les durs blocs de schiste cèdent et craquent, et sont hissés au point culminant, à grand renfort de cris et de hurlements.

Satan dirige les travaux.

Les gens d'Haulmé et de Tournavaux, surpris par le vacarme, se lèvent, allument les couperons, et vont en tapinois d'une porte à l'autre, priant Dieu et la Vierge. Mais la sorcière, qui veillait à l'entrée de sa grotte, bondit dans les rues, puante de pommade et caracolant comme une vieille&@ haridelle sur son manche à balai rituel. Elle brandit le livre, aux armes mystérieuses, d'où elle détient son horrible pouvoir, et de sa voix grinçante comme les portes de l'enfer, elle vocifère : Malédiction ! Malédiction ! À son odeur chacun rentre en se signant, pâle d'effroi.

La forme du château déjà s'esquisse, imposante de lignes et de masse, coiffant toute la montagne, formant avec elle un seul bloc, poussant sur elle. Satan tient sa promesse. Jamais telle Tour ne s'est vue ni sur la terre ni en Ardenne.

Satan grandit en même temps que l'énorme muraille, éclatant d'orgueil et défiant le ciel, dont les étoiles pâlissent comme les yeux des moribonds, ou ceux des enfants qui éclosent en tremblant, à travers le brouillard épais comme l'ombre. Satan siffle, éperonnant de son pied fourchu les lutins qui défaillent. Satan rayonne et ricane, dans l'attente de l'aube prochaine. Sa longue silhouette noire se détache sur la masse géante des roches accumulées, plus grosses que des maisons, illuminée par les brasiers que les diablotins ont tirés avec leurs pincettes du feu de l'enfer.

Il reste une pierre à poser.

✳✳✳

Avertie par un ange dans son sommeil innocent, la dame du seigneur, sous la protection du crucifix qu'elle avance comme un bouclier contre l'irruption redoutée de la makrale et contre les coups de bec de la poule noire dont la sorcière prend la forme à son gré, s'est précipitée dans l'église et a voulu sonner les cloches (*remarquons ici la lutte entre paganisme et christianisme, l'un représenté par la superstition paysanne, et l'autre par la présence de l'ange, du crucifix et des cloches de l'église*). Mais un démon faisait bonne garde. La corde est coupée et gît sur le pavé, dans l'eau bénite répandue. Et le malin est accroupi dans le clocher, cornes pointées et queue en trompette.

Mais le coq de ma ferme voisine, réveillé par le bruit, pousse un joyeux cocorico, étouffant sous un ergot triomphal la poule noire qui, après de vains gloussements, s'apprêtait à lui sauter au gosier. Les manants, saluant le chant glorieux comme un signe de résurrection, tirent leurs corps fiévreux des gros édredons rouges. Sur le pas de leurs portes, les femmes en châles et les hommes en bonnet de coton sont cloués par le spectacle.

D'un coup de toque rageur, le diable, en une seconde, a brisé l'œuvre de la nuit. Il détale, empestant la vallée de son sillage de soufre, qui macule à jamais le schiste, et dont les gens d'Haulmé et de Tournavaux gardèrent longtemps le souvenir, grâce à un éternuement tenace. Les blocs d'arkose et de quartz roulent avec un bruit de mille tonnerres. Le sol d'Ardenne tremble. L'air est sourd. Un déluge de pierres dévale en trombe dans le précipice. Tempête de blocs et de rocs, nuages pleins, dur vertige, rugueuse avalanche, cyclone.

Pantelantes et stupides, les assises du castel demeurent sur le somment, dans un étrange chaos qui, aujourd'hui, au siècle vingtième, fait encore l'émerveillement des touristes et le cauchemar des géologues.

Comme si une mer en furie avait été soudain pétrifiée, les rocs de La Tour se fixèrent là-haut dans un indescriptible éboulis. Le plus haut rocher, d'où Satan vitupérait ses ordres, est intact : à présent plate-forme hideuse et idéale d'où l'on embrasse la plus douce et la plus longue perspective ardennaise. […] »

Je coupe ici le texte, en l'abrégeant quelque peu, car nous avons tous les éléments pour comparer la trame majeure sous ses deux formes. Tout d'abord, force est de constater les ajouts régionalistes : les serviteurs de Satan sont essentiellement des habitants du Petit peuple des forêts, représentants de la mythologie ardennaise, ce qui permet d'amplifier la place donnée au patrimoine légendaire local. De plus, malgré la fin tragique qui attend les deux amants, nous retiendrons la variété de registres (lyrique, fantastique, tragique…), où c'est surtout le comique qui prédomine : nous pouvons voir que si le Diable jouait le rôle du « Mauvais » dans la première version, il tient le « mauvais rôle » dans la deuxième. On l'humanise en le traitant de « grand escogriffe » comme nous l'avons vu, et surtout, c'est l'image d'un Satan de comédie musicale qui prête à rire, par l'allusion à un air guilleret qu'il aurait chanté en gambadant, juste après avoir reçu l'âme du seigneur en échange du service qu'il allait rendre. C'est un véritable discrédit qui est donc porté sur le Diable, alors dédiabolisé. Et par là même, s'estompe et disparaît la peur qu'est censé susciter le Démon : on dit que le ridicule ne tue pas, en l'occurrence ici le ridicule, métaphoriquement, a tué le Diable.

Richard D. Nolane

Les écrits de Richard D. Nolane se situent essentiellement dans les domaines de la science-fiction, du fantastique et du paranormal. Auteur d'une trentaine de nouvelles et d'une centaine de livres et d'albums de bande dessinée, il a également réuni de nombreuses anthologies de science-fiction et de fantastique dont deux directement pour l'éditeur américain Daw Books. Parallèlement, il a été corédacteur en chef des revues Spirale (science-fiction et fantastique) et Thriller (fantastique et romans policiers modernes). Il dirige aux éditions L'Œil du Sphinx la revue Wendigo sur le fantastique classique d'avant 1945 et dont le premier numéro est paru en janvier 2011.

Richard D. Nolane a aussi publié des essais et des enquêtes sur les serials killers, les OVNIs, les vampires, la cryptozoologie, les mystères de l'Histoire ou les séries télévisées. Traduit aux États-Unis, au Japon, en Allemagne, en Roumanie, au Portugal, au Danemark, en Hollande, en Suède, en Italie, en Hongrie, en ex-Yougoslavie, en ex-Tchécoslovaquie et en Chine, il est un spécialiste incontesté de la littérature populaire et anime le site « Le monde du Fleuve (Noir) », essentiellement consacré aux éditions éponymes.

Cinq séries de bande dessinée dont il assure les scénarios sont actuellement en cours de publication : Wunderwaffen, Space Reich, Zeppelin's War, Vidocq et Millénaire.

Le seul lieu où la mythologie vampirique prend réellement corps avec la violence associée au vampirisme, c'est la réalité criminelle… Ici, Éros et Thanatos se retrouvent trop souvent liés, mais le tableau n'est pas du tout aussi idyllique que dans les romans d'Anne Rice. On reste même sans voix face à certaines déviations sexuelles dont sont affligés quelques-uns de ces assassins modernes.

Le vampirisme criminel est fréquemment ignoré par les ouvrages ou les documentaires sur les vampires, généralement parce que leurs auteurs ont tendance à laisser de côté tout ce qui sort des frontières instaurées par la mythologie du genre. Aujourd'hui est donc l'occasion d'aborder ce terrible mariage de la légende et du crime le plus abject.

Vampires et nécrophiles

La vue du sang plonge certains individus dans des états de transe exaltants et ils en retirent un plaisir immense et frelaté. Tous ne vont pas jusqu'à « saigner » leurs victimes pour éprouver ce sentiment, mais quelques-uns n'hésitent pas à franchir ce pas.

Le sang est dans ces cas lié à l'excitation sexuelle et le plaisir ainsi éprouvé ne peut être que violent, culminant en un sentiment de possession ultime qui passe le plus souvent par la mort de la victime. Les blessures infligées à la victime, la vue du sang coulant des plaies, la flagellation ou d'autres mauvais traitements deviennent alors un attrait et une jouissance sexuels. Le sadisme y est en conséquence presque toujours mêlé, car c'est souvent plus la douleur et la souffrance qui font jouir ces hommes (il y a peu de femmes parmi ce type de criminels) que les actes eux-mêmes, la plupart du temps bien fades par rapport aux souvenirs qu'ils en ont conservés.

Il leur faut alors recommencer cette expérience à chaque fois pour retrouver ces émotions intenses que rien n'égale dans leur vie de tous les jours. Peter Kürten, le fameux Vampire de Düsseldorf, raconta qu'une fois, la seule vue du sang jaillissant du corps d'un homme renversé par un tramway l'avait mis au comble de l'extase…

Selon le Dr Clifford Allen, dans son essai *Les déviations sexuelles* (1963 pour la version française), les caractéristiques du crime sadique sont les suivantes : 1) accès périodiques dus au retour de l'impulsion ou du paroxysme du désir; 2) presque toujours, l'assassin blesse sa victime en la coupant ou en la perçant, surtout aux seins et aux organes génitaux — et souvent, il suce, lèche ou prend dans sa bouche les blessures, en mordant quelques fois la peau. Dans certains cas, il désire boire le sang et manger la chair - 3) parfois l'érection et l'éjaculation sont suivies du viol de la victime mourante ou blessée 4) en général le comportement de l'intéressé est normal jusqu'au paroxysme suivant.

Toujours selon le Dr Allen, l'objet sexuel peut être celui de l'hétérosexuel, de l'homosexualité, de l'infantosexualité, de la bestio-sexualité ou un autre objet polymorphe, ce qui entraîne comme conséquence que la victime peut être n'importe quel être humain vivant, sans considération de sexe. En général, les sadiques ont une façon d'opérer, le fameux *modus operandi*, bien précise et une prédilection pour un instrument. On peut cependant constater que, dans le cas du Vampire de Düsseldorf, Peter Kürten utilisait des armes et des méthodes différentes (hache, couteau, strangulation). Son sadisme était aussi polymorphe puisqu'il s'attaquait aussi bien aux hommes, qu'aux femmes et aux enfants.

Nécrophilie et cannibalisme sont certaines fois associés à cet attrait pour le sang, et il n'est pas rare de voir des criminels violer et tuer leurs victimes puis boire leur sang et manger leur chair, éprouvant là un plaisir supplémentaire.

Par contre, l'appellation de « vampire » a parfois été utilisée d'une manière abusive comme dans le cas du Vampire du Muy, Victor Ardisson. Celui-ci était en fait un nécrophile, qui n'a jamais tué personne, mais aimait déterrer les cadavres de femmes fraîchement inhumés pour en abuser, à l'instar du célèbre sergent Bertrand, autre notoire amateur de chair morte et qui avouait que : « Les plaisirs que j'ai connus avec des femmes vivantes ne peuvent se comparer à ce que j'ai éprouvé à ce moment-là. » Le terme de nécrophilie fut forgé par le médecin belge aliéniste Guislain. En fait, bien qu'Ardisson, par exemple, ait reçu le surnom de Vampire du Muy, nous sommes ici loin du vampirisme. Mais, certains comportements criminels ont tôt fait dans l'esprit populaire (et journalistique) de transformer ces déviances en vampirisme.

La nécrophilie est une pratique ancienne et peut s'accompagner de fétichisme, des criminels ou des aliénés (parfois ils sont les deux) aimant conserver près d'eux, voire dans leur lit, des parties du cadavre qu'il vienne de déterrer. John Reginald Christie, un assassin anglais, aimait garder des cadavres près de lui et se livrer à des actes sexuels sur eux, ce qu'il était incapable de faire avec des femmes vivantes.

Dans l'Égypte Antique, les embaumeurs semblaient également tout particulièrement avides de chair morte. Hérodote écrit à ce sujet (mais on sait que celui qui est considéré comme le premier historien avait parfois une tendance à l'affabulation) que :

« Les épouses des gens de qualité, après leur mort, ne sont pas livrées sur-le-champ aux embaumeurs ; on ne les leur confie qu'au bout de

quatre ou cinq jours. On veut éviter par là que les embaumeurs n'abusent de ces femmes ; car on en a pris un, paraît-il, à violer le cadavre d'une femme qui venait de mourir ; il fut dénoncé par son compagnon de travail. »

De fait, l'occasion faisant le larron, les nécrophiles ont souvent été des embaumeurs, ou plus près de nous, des fossoyeurs, voire des internes en médecine, avides des corps déposés à la morgue des hôpitaux.

Souvent ces criminels reconnaissent que la vue et le goût du sang les font jouir, mais d'autres donnent des explications à leur comportement, ne voyant pas (ou ne voulant pas voir) les implications sexuelles de leurs gestes. Richard Trenton Chase, le Vampire de Sacramento, par exemple, prêtait à ses actes de toutes autres motivations.

La plupart des « vampires » examinés ici appartiennent aux serial killers, un type de criminels apparu au grand jour au début du siècle et popularisé à l'écran par des films comme *Psychose* ou *Le Silence des agneaux.*

Si les cas de Vlad Dracula, de Gilles de Rais et de la comtesse Bathory, entre autres, prouvent que les tueurs en série ne datent pas d'hier, il n'en demeure pas moins que le phénomène s'est développé et multiplié depuis le début, et surtout la seconde moitié, de ce siècle.

Bien qu'un siècle se soit déjà écoulé depuis ses tristes exploits, le plus célèbre de ces serial killers, et le plus mystérieux, reste Jack l'Eventreur qui, dans le Londres du XIXe siècle, tua une demi-douzaine de prostituées dans des conditions atroces. Mais si son souvenir et le lieu où se déroulèrent ses exploits (le quartier de Whitechapel envahi par le fog), ont frappé l'imagination, d'autres assassins l'ont depuis largement dépassé dans l'horreur...

Certains serial killers ont plus d'une trentaine de meurtres à leur actif : Ted Bundy, John Wayne Gacy, Jeffrey Dahmer, pour ne citer que quelques-uns des plus célèbres. Henry Lee Lucas se vanta même d'avoir tué plus de cent cinquante personnes, seul ou avec son complice, Ottis Toole. Bien que ce chiffre soit très probablement exagéré, il ne fait aucun doute que Lucas détient le record en la matière.

Ce type de criminels est devenu aux États-Unis une des plus dangereuses formes de criminalité violente, du moins en ce qui concerne les crimes commis par des individus agissant de *manière isolée :* la criminalité organisée, gangs ou trafiquants de drogue, provoquant naturellement plus de morts.

Si les tueurs en série se recrutent principalement aux États-Unis, il en existe également dans d'autres pays. Mais, pas de « vampire made in France » dans ce lot de personnages cruels et dévoyés…

Le Vampire de Düsseldorf

S'il un assassin sadique méritait bien son surnom, c'était le Vampire de Düsseldorf qui terrorisa l'Allemagne entre les deux guerres.

Il est de coutume, en effet, de voir traiter dans la presse de « vampire » tout criminel un tant soit peu sanglant, mais pour Peter Kürten cette appellation se révèle exacte. Les aveux de Kürten et ses actes prouvèrent qu'il aimait réellement le sang et qu'il en a bu à plusieurs reprises après avoir tué. Il déclara ainsi lors de son procès, répondant à une des questions du président qui lui demandait d'où lui venait ce goût du sang et quel plaisir il en retirait :

« Ce qui importe pour moi [...], c'est de faire une blessure afin de

goûter le sang, d'en sentir le parfum et d'en entendre le bruit ; car le sang qui jaillit produit un murmure ; il ne saurait se comparer à aucun autre bruit. Et puis, cette chaleur qui vous remplit lorsque vous vous en désaltérez, c'est quelque chose d'inexplicable, qui me donne un vertigineux bonheur... »

La Grande Dépression économique de 1929-1931, qui frappa durement toute l'Europe et les États-Unis, atteignit encore plus gravement l'Allemagne vaincue. C'est dans cette période troublée politiquement et économiquement qu'à la fin des années 1920, la ville de Düsseldorf devint le terrain de chasse d'un assassin particulièrement sanglant.

Les habitants terrorisés se regroupèrent parfois en milice, et des renforts furent envoyés de Berlin, en vain. Au contraire, l'assassin semblait se jouer des efforts de la police et, le 24 août 1929, il se permit même de tuer deux fois. On retrouva, en effet, ce jour-là le corps de deux enfants, Gertrude Harnacher et Louise Lenzen, respectivement âgées de cinq et quatorze ans. Des rumeurs sur le goût du sang qu'éprouverait l'assassin insaisissable, un vampire, commencèrent à courir.

À quarante-six ans, Peter Kürten n'avait pas l'aspect d'un monstre assoiffé de sang. Au contraire, c'était un homme discret, bien habillé, et qui parlait d'une voix douce. Il n'a d'ailleurs jamais éveillé l'attention au cours de la chasse au « vampire » alors qu'une jeune femme, qu'il avait attaquée, l'avait pourtant dénoncé à la police !

Kürten était cependant bien connu des services de police et de la justice. Il avait déjà passé la plus grande partie des années 1900 à 1921 en prison (pas moins de cinquante-sept inculpations avaient été retenues contre lui) pour vols, escroqueries, désertion de l'armée allemande lors de la Première Guerre mondiale, et incendies volontaires. La seule vue des flammes le plongeait en effet dans un intense état d'excitation sexuelle.

Les criminologues le savent, beaucoup de pervers sexuels sont fascinés par les incendies, comme par exemple David Berkowitz, plus connu sous le surnom du « Fils de Sam », qui alluma à lui seul pas moins de 1488 incendies à New York ! Peter Kürten devait d'ailleurs déclarer lors d'un de ses interrogatoires qu'il éprouvait « du plaisir devant le rougeoiement du feu, les appels à l'aide. Ça me procurait tellement de plaisir que j'en tirais une satisfaction sexuelle ».

Dès novembre 1899, Kürten avait tenté d'étrangler une jeune femme pendant un rapport sexuel. Le 25 mai 1913, alors qu'il venait à peine de sortir de prison, il violenta et étrangla une jeune fille de treize ans, Christine Klein, qu'il avait surprise endormie dans son lit lors d'un cambriolage. Pendant dix-sept ans, la police ne sut à qui attribuer avec certitude ce crime. L'oncle de la jeune fille fut longtemps suspecté et faillit même être condamné à mort pour ce meurtre…

La même année, Kürten attaqua, en pleine rue, des inconnus, les frappant à coups de hache, le sang qui jaillissait des blessures de ses victimes lui procurant des sensations intenses. Il fut à nouveau arrêté et jeté en prison.

À sa libération, en 1921, il partit dans la ville d'Altenbourg. Là, il rencontra et épousa une ancienne prostituée qui avait tué l'homme qui lui avait promis de l'épouser, mais l'avait abandonnée. Pour ce crime, elle avait été condamnée à cinq ans de prison. Cette association, que l'on aurait pourtant crue vouée à l'échec, se révéla stable et Frau Kürten n'eut jamais à se plaindre physiquement de son mari avec qui elle eut des rapports sexuels normaux. À Altenbourg, Kürten mena une vie paisible (en apparence), travailla comme mouleur et se signala par une certaine activité dans les milieux syndicaux.

En 1925, le couple s'installa à Düsseldorf et Kürten laissa alors libre cours à ses fantasmes monstrueux. À Altenbourg, où il avait déjà attaqué plusieurs femmes (mais aucune ne porta plainte), il aurait pu être repéré plus facilement, mais dans la grande cité, il se fondit dans la foule. Pendant quatre ans, il commit diverses agressions, étranglant des femmes jusqu'à ce qu'elles s'évanouissent, alluma encore des incendies, mais c'est en février 1929 qu'il commença à tuer. Le rythme de ses meurtres alla croissant avant de culminer lors de la fameuse journée du 24 août 1929.

Désormais, pendant un an et demi, Düsseldorf allait connaître une vague de terreur.

Le 3 février 1929, Kürten poignarda une femme, Apollonia Kuhn, de vingt-quatre coups de ciseaux. Les cris de la malheureuse attirèrent l'attention des passants qui se portèrent à son secours, lui sauvant ainsi la vie. Quelques jours plus tard, le 8, il attira une petite fille de neuf ans, Rosa Obliger, dans un cimetière et la viola. Il l'étrangla et lui porta treize coups de poignard dans les tempes. Cette façon d'opérer, les tempes défoncées, allait d'ailleurs devenir un peu sa « marque ». Le 13 février, il agressa un ouvrier qui était ivre, Rudolph Scheer, âgé de quarante-cinq ans, et le tua de vingt coups de poignard, lui défonçant les tempes. Il l'abandonna mourant au bord de la route après avoir bu le sang qui coulait de ses blessures.

Au mois d'août, sa fureur meurtrière monta encore d'un cran. Il tua et viola deux femmes et deux petites filles (toutes ses victimes étaient horriblement mutilées : lèvres fendues, oreilles tranchées, certaines énuclées...). Il agressa deux autres jeunes filles, mais elles eurent la vie sauve grâce à l'intervention de passants.

Une des victimes s'appelait Maria Hahn. Kürten l'enterra près du Rhin, où il aimait se promener, mais revint le jour suivant et exhuma le corps. Son intention première était d'accrocher le cadavre à un arbre et de le crucifier pour attirer le regard des promeneurs, mais l'entreprise s'avéra difficile. Il abandonna cette idée et l'enterra à nouveau un peu plus loin.

Kürten, à l'instar d'autres criminels, ne pouvait résister à donner une certaine publicité à ses crimes et il envoya un poème à la police ainsi qu'un plan où était indiqué le lieu où il avait enterré Maria Hahn. Il va sans dire que la police fut vivement critiquée une fois cet envoi connu, elle qui ignorait même que Maria Hahn avait disparu !

Des graphologues se penchèrent sur l'écriture du « vampire » et en déduisirent qu'il s'agissait d'un homme à « l'intelligence moyenne, mais claire, une sexualité puissante, un orgueil démesuré, un penchant à la violence ». Autant dire due si cette description pouvait correspondre à Kürten, des centaines d'autres hommes pouvaient s'y reconnaître.

Le 14 septembre 1929, Kürten viola et tua à nouveau deux jeunes filles qui avaient accepté de se promener avec lui, peu méfiantes malgré la présence du « Vampire » dans la ville et dont tous les journaux parlaient.

Son dernier crime fut celui d'une petite fille de cinq ans, Gertrud Alberman. Il la viola et lui ne porta pas moins de trente-six coups de couteau (l'enfant fut aussi énucléée). La fillette ayant disparu, et personne ne sachant où elle se trouvait, Klirten ne put s'empêcher d'écrire aux parents et de leur adresser un message, signé « Le Vampire de Düsseldorf », plein de cynisme et de morgue :

« Mais alors que je cherchais cette victime, Gertrud croisa mon chemin... (...) J'offris des bonbons à votre fille, puis proposant de la raccompagner jusqu'à sa demeure, je l'entraînai dans un parc, à l'écart des lieux trop fréquentés. Je crois, Madame, pouvoir dire sans vanité que

les derniers instants de votre enfant furent des plus agréables. Quelle enfant peut en effet se vanter d'avoir connu les plaisirs de la chair à cinq ans ? Oui, Madame, votre fille prit beaucoup de plaisir à nos rapports, plusieurs fois elle m'incita à recommencer, et ce avec le charme et la persuasion d'une vraie femme. C'est alors que je me rendis compte de mon erreur. Je devais sauver cet enfant possédée par le vice malgré son jeune âge ! Le Diable lui-même l'habitait. Et il ne me fallut pas moins de trente-cinq coups de poignards pour faire fuir le démon. De plus, ayant lu que le Malin habitait parfois les cadavres, je décidai au nom de la grande révolution de nos amis d'outre-Rhin de décapiter votre enfant pour que le mal ne puisse plus la torturer par-delà la mort.

» Sachez, Madame, que je n'attends rien de vous sinon un peu de reconnaissance, car sans moi, qui peut dire à quel excès ne se serait pas livrée Gertrud !

» Mes respectueux hommages.

» Le Vampire de Düsseldorf ».

Après cette lettre envoyée par Kürten aux parents de sa petite victime, il va sans dire que l'indignation fut à son comble et la police violemment critiquée. Celle-ci reçut des renforts de la capitale, fit appel à ses meilleurs criminologues, en vain. Plusieurs pistes furent suivies, des suspects arrêtés, mais sans succès. Ils durent tous être relâchés.

En fait, Kürten fut appréhendé d'une manière totalement fortuite et qui ne devait rien au zèle déployé par les enquêteurs. Une lettre égarée allait être la cause de son arrestation le 14 mai 1930. Il avait agressé quelque temps plus tôt une jeune paysanne de vingt et un ans, Maria Büdlik, qui venait d'arriver à Düsseldorf et qui avait accepté de venir déjeuner chez lui. Ce n'est pourtant pas à son domicile que Kürten tenta de la violer, mais quelques heures plus tard, alors qu'il la raccompagnait au foyer de jeunes femmes où elle devait passer la nuit.

La jeune fille se défendit farouchement et, devant sa résistance, l'agresseur abandonna son idée. Il la ramena près d'un arrêt de tramway et s'en alla. Maria ne porta pas plainte, se contentant de raconter sa mésaventure dans une lettre à une connaissance, une certaine Frau Bruckner.

Mais l'écriture de Maria n'était pas très lisible et la lettre fut remise par erreur à une autre personne, Frau Brügmann, qui trouva l'incident curieux. Cette jeune femme n'aurait-elle pas eu affaire au fameux Vampire dont parlait toute la presse ? Cette lettre pouvant intéresser la police, elle s'empressa donc de la lui communiquer, d'autant qu'une forte récompense était offerte pour la capture du monstre. Bel exemple d'intuition féminine...

La police n'eut guère de difficultés à retrouver Maria Büdlik, qui les conduisit directement au domicile de Kürten, dont elle se rappelât parfaitement l'adresse. Celui-ci fut arrêté quelques heures plus tard sans opposer la moindre résistance. Il avoua rapidement ses meurtres, satisfait visiblement de l'effet que produisaient ses déclarations sur les policiers ébahis.

Les investigations des policiers durèrent presque onze mois. Neuf meurtres furent attribués à Kürten, mais il semble qu'il en commit beaucoup plus, seize, au moins. Les enquêteurs ne retinrent que les cas où il n'y avait pas d'hésitation possible. Le « Vampire » avoua notamment deux autres meurtres qui n'avaient fait l'objet d'aucune enquête policière. Selon ses dires, à l'âge de neuf ans, il jouait avec deux camarades sur un radeau, au bord du Rhin, lorsqu'il lui vint l'idée de les précipiter dans le fleuve. Les deux enfants s'y noyèrent.

Parallèlement à l'enquête, Kürten fut examiné par des psychiatres et se prêta fort obligeamment à leurs tests et à leurs questions. Le Dr Karl Berg professeur de médecine légale à l'Académie médicale de Düsseldorf et médecin légiste de la Cour d'assises, notamment, eut plusieurs entretiens avec lui. C'est grâce à son travail et au rapport qu'il remit sur Kürten que l'on sait aujourd'hui tant de choses sur ce meurtrier et sur les fantasmes qui l'habitaient.

Berg fut aidé en cela par Kürten, qui se révéla doué d'une extraordinaire mémoire et qui put ainsi lui faire le récit de ses assassinats, même les plus anciens. Il revivait sans cesse les scènes de ses sinistres exploits et fut même capable de décrire en détail la chambre de Christine Klein, tuée des années plus tôt.

Le « Vampire » dira ainsi au psychiatre :

« *Je n'ai pas de remords. Quant à savoir si le souvenir de mes actes me fait honte, je vais vous dire : repenser à tous les détails n'est pas du tout déplaisant. J'aime plutôt ça.* »

Il ressort de cette étude que Kürten était un psychopathe à tendance narcissique dont les désirs passaient avant tout. Berg le décrivit comme le « roi des pervers sexuels ». Dominer les autres, infliger des souffrances, satisfaire ses désirs sexuels sont les seules choses qui comptaient pour lui. Il ne pouvait atteindre l'orgasme qu'en pensant et en réalisant des actes de violence. Cette absence de remords est commune à pratiquement tous les sadiques et tueurs en série.

Le fait de penser continuellement aux assassinats qu'ils ont commis est une autre constante de ce type de criminels, ce qui explique qu'ils reviennent souvent sur les lieux de leurs crimes, selon le vieux poncif tiré des romans policiers. Ainsi, un grand nombre de tueurs en série essayent de se mêler aux policiers qui enquêtent sur les crimes perpétrés par eux. Ils participent souvent comme volontaires aux patrouilles chargées de retrouver les disparus ou assistent aux obsèques de leurs victimes. Les agents du F.B.I. spécialisés dans la lutte contre les tueurs en série et rompus depuis des années à ce genre d'enquête, donnent de nombreuses indications en ce sens aux policiers locaux pour orienter leurs recherches.

Kürten essaya quelquefois, pour justifier ses actes, de faire passer sa violence comme une rébellion contre l'ordre social et l'injustice en général. Il s'était d'ailleurs souvent imaginé en héros national, fêté par tous et porté en triomphe, pour avoir arrêté le... Vampire de Düsseldorf (!). Mais la plupart du temps, il reconnaissait que ses actes étaient uniquement dictés par l'assouvissement de ses désirs sexuels et sadiques.

Pour sa défense, Kürten et ses avocats firent valoir une enfance malheureuse, mais qui n'excusait en rien la gravité de ses agissements. Il faut cependant constater que le climat familial dans lequel il fut élevé, comme celui du Boucher de Hanovre, était fortement criminogène.

Ces trajectoires difficiles, ces enfances gâchées se retrouvent d'ailleurs très souvent lorsqu'on examine la vie des tueurs en série. Certains n'ont connu que des sévices psychologiques, mais d'autres ont souffert également de brutalités physiques et de misère extrême comme Albert de Salvo, l'Étrangleur de Boston, ou Henry Lee Lucas. Tel était aussi le cas de Peter Kürten. Pour Robert Ressler, il ne fait aucun doute que tous les serial klllers ont eu dans leur enfance des problèmes qui expliquent leur parcours meurtrier.

Ces criminels ne sont pas forcément issus de classes populaires défavorisées et très pauvres. Au contraire même, certains viennent des couches moyennes ou aisées. Mais leurs familles étaient fortement pathogènes et ils eurent à subir des traumatismes mentaux de la part de leurs parents. Ce qui prédominait surtout dans leurs foyers, c'était le manque d'amour et de chaleur humaine.

Kürten était né en 1883 à Mülheim-sur-le-Rhin (tout près de Cologne) dans une famille très pauvre de treize enfants vivant entassée dans une seule pièce. Le père était surtout connu pour sa violence et son ivrognerie et il préférât la plupart du temps boire que travailler. Il frappait également sans discontinuer sa femme et ses enfants et il violenta même une de ses filles, ce qui lui valut une peine de prison. Comme beaucoup de mères dans son cas, Frau Kürten se montra d'une grande passivité, se contentant toute sa vie d'encaisser les coups.

Pour ajouter à ce tableau déjà noir, le jeune Peter fit la connaissance d'un employé de la fourrière qui habitait la même maison que les Kürten. Il apprit au garçon à torturer les malheureuses bêtes capturées, mais l'initia également à des actes de bestialité, dévoyant déjà son énorme appétit sexuel. Beaucoup de tueurs en série ont été très jeunes des bourreaux d'animaux.

Ne pouvant plus supporter l'atmosphère oppressante qui régnait chez lui, le jeune Peter finit par s'enfuir et vécut de rapines et d'escroqueries, ce qui le conduisit plusieurs fois en prison, comme nous l'avons vu précédemment.

Le procès s'ouvrit devant la Cour d'assises de Düsseldorf le 13 avril 1931 et dura dix jours. Son avocat plaida la démence et une grande partie des débats fut consacrée aux dépositions des experts psychiatriques. Selon eux, Kürten n'était pas fou et savait faire la différence entre le bien et le mal. Il ne pouvait donc pas bénéficier de la disposition prévoyant que toute personne qui ne jouissait pas de son libre arbitre au moment où elle commettait un meurtre ne pouvait être considérée comme coupable et donc punissable.

Les jurés ne délibérèrent que quatre-vingt-dix minutes et reconnurent Kürten coupable de neuf meurtres. En conséquence, il fut condamné neuf fois à mort et à quinze ans de prison (!). L'exécution fut fixée au 2 juillet suivant, à six heures du matin.

Le « Vampire », qui était resté fort réservé au cours de son procès, finit par réagir et demanda sa grâce au Président. Celle-ci lui fut bien évidemment refusée. Mais une partie de l'Allemagne libérale de la République de Weimar fut affectée par cette sentence de mort, même s'appliquant à un criminel aussi odieux. Il y eut une grande vague de protestation et Kürten reçut étrangement de nombreuses lettres de soutien. La Ligue allemande des Droits de l'Homme s'insurgea également contre cette exécution.

Kürten, aussi étonnant que cela puisse paraître, décida, la veille de son exécution, d'écrire une lettre aux parents de chacune de ses victimes. Sa grâce venait d'être rejetée et il savait qu'il ne lui restait plus que quelques heures à vivre. L'imminence de sa mort sembla lui faire retrouver la foi de sa petite enfance.

Puis il demanda à ce que l'abbé Fassbaender, aumônier de la prison, et l'abbé Albretch, confesseur en titre, viennent le voir. Il passa ses dernières heures en compagnie de son avocat et de l'abbé Fassbaender. Il eut encore cependant la force d'avaler son dernier repas. Il fut exécuté au petit jour. On dit qu'il se montra satisfait à l'idée « d'entendre le sang jaillir de son cou », ce qui finalement n'a rien d'étonnant de la part d'un vampire, n'est-ce pas ?

John Haigh, un « vrai faux » vampire ?

Si Peter Kürten était un tueur « vampire » en raison de son goût pour le sang, le doute subsiste toujours en ce qui concerne John Haigh (en dépit de ses « confessions » tardives), dont la spécialité était de faire disparaître ses victimes dans un bain d'acide, détruisant ainsi leurs corps.

Ce qui ne l'empêcha pas cependant d'être condamné, la médecine légale ayant fait de nombreux progrès depuis sa création. Haigh avait cru en effet qu'en faisant disparaître les corps il ne pourrait pas être puni. Mais la loi anglaise, comme un certain nombre d'autres, admet la notion de meurtre par faisceau de présomptions. Et, dans le cas de sa dernière victime, celles-ci ne manquaient pas.

Le 18 février 1949, la veuve fortunée d'un colonel vivant dans une pension du quartier chic de Kensington, Mrs Olivia Durand-Deacon ne parut pas au dîner, ce qui étonna son amie, Mrs Constance Lane. Le lendemain, celle-ci rencontra un petit homme à la mine soignée, aux allures de séducteur et à la moustache finement taillée, John Haigh, qui vivait lui aussi dans le même hôtel.

Haigh s'enquit de savoir si Mrs Durand-Deacon se trouvait à l'hôtel, car il avait la veille rendez-vous avec celle-ci, mais elle ne s'était pas présentée. Il apparut alors que cette dernière n'avait pas dormi dans sa chambre.

Mrs Lane hésita cependant et ne voulut pas avertir la police. Le lendemain, Haigh lui demanda si elle avait revu son amie. Mrs Lane décida alors de se rendre au poste de police de Chelsea et Haigh lui proposa de l'accompagner en voiture. Mrs Lane raconta l'affaire aux policiers et Haigh leur expliqua la nature de ses relations avec la disparue. Mrs Durand-Deacon désirait commercialiser des faux ongles et Haigh, qui disait diriger une entreprise, la *Hurstlea Products Limited,* s'était montré intéressé par ce projet.

Quelque chose dans l'attitude de Haigh éveilla cependant les soupçons des policiers. Ils se montrèrent tout d'abord étonnés qu'un homme qui se présentait comme entrepreneur sérieux puisse être en relation avec Mrs Durand-Deacon pour une affaire qui paraissait à première vue coûteuse et risquait de rapporter peu dans la période de pénurie et de restrictions de l'après-guerre.

Par ailleurs, Haigh, en dépit de ses bonnes manières et de son insistance à vouloir les aider à tout prix, ne leur semblait pas totalement franc.

Les policiers resserrèrent leur enquête autour de Haigh et découvrirent qu'il avait déjà été condamné, deux fois pour escroquerie et une fois pour vol. Il avait aussi de grosses dettes dans le Sussex et à Londres.

Dans le Sussex justement, les policiers s'intéressèrent à un entrepôt dont Haigh avait prétendu être le propriétaire. Il appartenait en réalité à un certain Edward Jones et celui-ci louait quelquefois l'entrepôt à Haigh en échange de services rendus à Londres comme représentant. Haigh y effectuait des travaux privés et de « conversion », comme il disait lui-même.

Jones permit aux policiers de pénétrer dans son entrepôt et les enquêteurs y découvrirent un masque à gaz, un tablier et des gants de caoutchouc, une pompe à main portative, un imperméable ainsi que de grosses bonbonnes, identiques à celles servant à stocker des produits chimiques. Mais, ils firent surtout une découverte bien plus importante encore : un carton à chapeau et une mallette de cuir dont le contenu allait faire de Haigh le suspect numéro un dans la disparition de Mrs Durand-Deacon.

La mallette contenait des papiers, des documents et trois carnets de rationnement. Quant au carton à chapeau, on y avait déposé des permis de conduire, agendas, chéquiers, passeports et même un certificat de mariage, mais sur aucun de ces documents ne figurait le même nom. On y découvrit également un revolver de calibre 38, des cartouches et un ticket de teinturier qui conduisit au manteau en angora de la victime. Enfin, deux jours plus tard, les bijoux de Mrs Durand-Deacon furent retrouvés chez un commerçant du Sussex.

Désormais le sort de Haigh était scellé, mais sa façon d'opérer et surtout sa personnalité allaient attirer sur lui l'attention des journalistes et des juristes du monde entier.

Haigh fut conduit immédiatement au poste de police et interrogé. Il paraissait calme, fumait avec désinvolture et ne semblait nullement inquiet de son sort. La seule chose qui le préoccupât était de savoir si on sortait rapidement de la prison de Broadmoor, établissement réservé aux meurtriers déments. Cet intérêt porté aux assassins ayant agi en état de démence devait par la suite jouer contre lui lorsqu'il plaida la folie pour échapper à la condamnation à mort.

Haigh finit par avouer tranquillement le meurtre de Mrs Durand-Deacon, mais aussi bien d'autres. Il avait commis le premier en 1944, en assassinant le jeune et fortuné William McSwan, qui l'avait employé quelques années plus tôt comme gérant d'une salle de jeux et avec lequel il était resté lié, ainsi que les parents de ce dernier, Amy et Donald.

Un an après avoir tué leur fils, Haigh leur avait demandé de le rejoindre dans l'appartement où il avait abattu celui-ci et les avait assassinés à leur tour en leur fracassant le crâne. Il avait imité la signature du mari et était parvenu à obtenir une procuration destinée à vendre leurs biens.

La police ne fut jamais alertée de leur disparition et ces opérations, qui durèrent deux ans, rapportèrent près de quatre mille livres à Haigh. C'est à l'occasion de la vente d'une des maisons qu'il fit la connaissance d'un autre couple aisé, les Henderson, qu'il tua par la suite avant de s'emparer d'une partie de leurs biens et effets personnels. Il tua aussi une autre jeune femme, Mary, sans que l'on sache très bien pourquoi. Haigh avoua avoir assassiné neuf personnes en tout, mais il fut uniquement jugé pour le crime de Mrs Durand-Deacon, le seul pour lequel la police disposait de preuves solides.

Haigh avait fait disparaître toutes ses victimes dans un bain d'acide sulfurique dans l'entrepôt du Sussex et il ne restait ainsi plus aucune trace des cadavres. Il pensait que celte façon d'opérer empêcherait les policiers d'identifier les corps, mais il se trompait sur un point : même rongé par l'acide, il subsiste toujours quelque trace d'un corps humain.

Dans l'entrepôt, le médecin légiste concentra son attention sur des traces de sang afin de savoir s'il correspondait bien au groupe sanguin de Mrs Durand-Deacon. On trouva également un calcul biliaire (qui, enrobé par de la graisse, résiste quelque temps à l'acide), un pied gauche (qui correspondait à la pointure de la victime) et, enfin, le dentier de la veuve. Celui-ci est d'ailleurs toujours conservé dans l'une des salles du Black Museum de Scotland Yard.

Le procès de Haigh débuta le 18 juillet 1949 aux assises de Lewes. Haigh plaida non coupable, mais ne se montra guère motivé par les débats, se consacrant la plupart du temps à faire des mots croisés. Son attitude lui valut en tout cas l'hostilité presque totale de la foule qui se pressait dans la salle. Il devait lui-même écrire : « J'étais très ennuyé par mon procès.

J'avais l'impression de revoir le film pour la seconde fois. » S'il espérait le faire passer pour un malade mental, le psychiatre présenté par la défense, le Dr Henry Yellowlees, pourtant habitué des assises, échoua dans cette tentative. En effet, le contre-interrogatoire de l'accusation fut mené avec brio et mit à mal les affirmations de l'expert.

L'opinion vit en Haigh un homme rusé, simulateur, qui mentait sans cesse et qui plaidait la folie pour sauver sa vie alors qu'il avait profité de ses crimes, ce qui prouvait qu'il avait été poussé par l'appât du gain. Haigh, lui, affirma lors des interrogatoires et tout au long du procès que ce n'étaient ni l'argent ni la perspective d'une vie facile qui l'avaient dirigé, mais une force supérieure, un esprit tout-puissant. Naturellement, s'il y avait des gains à faire au passage, il en profitait, mais il voyait surtout là une preuve supplémentaire de la sollicitude que cette force mystérieuse lui témoignait…

Le jury rendit son verdict au bout d'un quart d'heure seulement et Haigh fut condamné à mort. Il ne sembla pas troublé outre mesure par cette décision et sortit en souriant de la Cour. Il ne fit même pas appel de la décision.

Haigh devait reconnaître lui-même qu'il s'était montré fort négligent dans la façon dont il s'était débarrassé du corps de Mrs Durand-Deacon. Il attribuait cette négligence à la certitude d'être protégé par une force supérieure, celle-là même qui le poussait à agir.

Il devait demeurer fidèle à cette ligne de conduite plutôt désinvolte durant la durée de sa détention avant son exécution. S'il cédait de temps en temps à quelque accès de dépression, il ne durait guère. Haigh semblait en fait aussi peu se soucier de son sort que de celui de ses victimes. Le seul être pour lequel il montra de l'affection fut Pat, le chien des Henderson, qu'il avait recueilli après avoir tué ses maîtres. Il légua ses vêtements au célèbre musée de cire de Madame Tussaud afin que le mannequin le représentant en soit revêtu.

Mais ce qui fascina et rebuta en même temps les foules fut l'aspect « vampirique » du personnage qui apparut au moment du procès.

On en trouve une description détaillée dans ses confessions qui furent publiées simultanément, en 1949, quelques jours après sa pendaison, dans *France-Dimanche, Life* (États-Unis) et *News of the Worid* (Angleterre). Ce texte a depuis été repris dans le recueil présenté par Roger Vadim, *Histoires de vampires*. On ne sait si les confessions de Haigh sur son goût pour le sang humain sont réelles ou inventées, mais elles éclairent en tout cas la personnalité d'un criminel peu ordinaire.

Ce goût pour le sang remonterait à son enfance et à ses rêves où le thème du sang revenait souvent, comme celui où il voyait la tête couronnée d'épines du Christ ou son corps supplicié dégoulinant de sang. Mais c'est vers l'âge de dix ans que Haigh dit avoir goûté pour la première fois du sang, le sien :

« *Je me blessai à la main avec une brosse à cheveux aux poils métalliques. Je léchai le sang, et ce fut une révélation dans tout mon être. Cette chose visqueuse, chaude et salée, que j'aspirais à fleur de peau, c'était la vie, la vie même. Ce fut une révélation qui me poursuivit pendant des années. Bientôt, je me mis à me couper le doigt ou la main exprès pour appliquer mes lèvres sur la blessure fraîche, et retrouver ce goût ineffable.*

» Le hasard, ainsi, m'avait fait revenir, par-delà des siècles de civilisation, à ces temps fabuleux où l'être puisait sa force dans le sang des hommes. Je me découvrais de la race des vampires. Pourquoi ? Pourquoi moi ? Je ne saurais l'expliquer. Je décris seulement ce que j'ai éprouvé. »

Lors de tous ses meurtres, Haigh devait prendre l'habitude de boire une tasse du sang de ses victimes. À cette époque, il faisait toujours le même rêve. Il se trouvait dans une forêt de crucifix qui se transformaient en arbres. De ces arbres se mettaient bientôt à couler des flots de sang. Il avait alors l'impression de s'affaiblir, mais surgissait un homme qui recueillait du sang des arbres dans une coupe. Il lui tendait la coupe et l'enjoignait à boire son contenu.

À chaque fois que Haigh entraînait une nouvelle victime dans son entrepôt, c'était à la suite de ce rêve pressant. Il lui fallait boire du sang humain. Cette habitude, il l'inaugura avec William McSwan, la première des neuf victimes revendiquées : « *Je l'ai assommé avec un pied de table, ou un morceau de tuyau, je ne sais plus très bien. Et alors je lui ai tranché la gorge avec un canif. J'ai essayé de boire son sang, mais ce n'était pas commode. Je ne savais pas comment m'y prendre. Je l'ai tenue au-dessus de l'évier et, avec un verre, j'essayai de recueillir le liquide rouge. Finalement, je crois que c'est à même la plaie que je l'ai aspiré lentement, avec une satisfaction profonde.* »

Le petit homme avait cependant du mal à se souvenir dans le détail de ses forfaits, car il agissait comme dans un rêve :

« *. Je voudrais souligner [...] que je suis incapable de ne me rappeler aucun des détails de ce qui se produisait dans ces moments. Quand j'étais sous l'influence de mes rêves, je ne voyais plus pour ainsi dire que la coupe, cette coupe tendue devant moi, tandis que je criais de désir, et qui se refusait à ma gorge altérée jusqu'à ce que j'aie entraîné un être humain dans ma cave et que, pendant quelques instants, de sa gorge ouverte, j'ai aspiré la vie, dans un soulagement ineffable.* »

Par contre, il ne pouvait tuer et boire le sang d'une personne qu'il aimait ou respectait. La force mystérieuse qui le manipulait ne semblait pas agir dans ces cas-là. Haigh termine sa *Confession* sur ces mots au sujet de cet esprit tout-puissant qui le poussait :

« Et c'est à moi, qui aime et qui adore la plus petite des créatures, qu'il a été ordonné de commettre ces meurtres et de boire le sang humain. Ce n'est pas possible, mes neuf meurtres doivent avoir leur explication quelque part hors de ce monde terrestre. Ce n'est pas possible qu'ils ne soient absurdement que le rêve d'un fou plein de bruit et de fureur, comme dit le grand Shakespeare. "Il y a donc une vie éternelle ? Je le saurai bientôt.

» En attendant, adieu... »

Depuis son exécution en 1949, des controverses continuent d'agiter les auteurs au sujet de John Haigh. Était-il, en effet, un simulateur qui cherchait à sauver sa vie ou un homme réellement poussé par des démons intérieurs qui l'empêchaient de comprendre la gravité de ses actes ? Ses prétentions de se livrer au vampirisme et à l'ondinisme (perversion sexuelle qui consiste à boire son urine, ce qu'il prétendit avoir fait en prison) ne sont pour certains que ruses destinées à prouver sa folie.

D'autres psychiatres de l'époque estimèrent, au contraire, que Haigh souffrait réellement de troubles mentaux ; que cela pouvait expliquer notamment son manque de remords total, qui est une des caractéristiques des psychopathes. Soixante ans plus tard, ces interrogations demeurent toujours. Par contre, il n'y a pas d'équivoque en ce qui concerne certains autres tueurs « vampires ».

Kuno Hoffman, le vampire des cimetières

On a souvent prêté au sang, et à sa symbolique, des pouvoirs presque magiques, aussi ne faut-il pas s'étonner que certains criminels aient pris au pied de la lettre ce folklore, pratiqué d'ailleurs par les tribus primitives. Ainsi dévorer le cœur de son ennemi équivalait à gagner sa force, et boire le sang de beaux jeunes gens permettait de conserver une jeunesse éternelle. C'est ce que croyait notamment la comtesse Erzsébet Bathory.

Plus près de nous, on a pu aussi lire dans le même ordre d'idées, dans *Le Journal des Débats* du 14 août 1910 :

« Au village de Godor, en Espagne, un tuberculeux ayant consulté un rebouteux, celui-ci ordonna de boire le sang chaud d'un enfant et de s'enduire la poitrine de sa graisse pour obtenir sa guérison. On s'empara d'un pauvre enfant qu'on mit dans un sac. Arrivé au lieu de sacrifice, on lui fit une large entaille au cou et le malade but avidement le sang comme l'élixir qui allait lui sauver la vie, puis on plaça sur sa poitrine un emplâtre fait des chairs de la petite victime. »

Autant dire, donc, que Kuno Hoffman, dont il va être maintenant question, n'était pas le seul à prêter des propriétés magiques au sang…

Pendant un certain temps, cet Allemand se contenta de boire le sang de cadavres frais dans les cimetières avant, malheureusement, de tuer deux personnes bien vivantes. Hoffman avait d'ailleurs en sa possession un exemplaire d'un ouvrage, *Magie noire,* qui indiquait qu'en ingérant du sang on obtenait la jeunesse et la force éternelles.

Hoffman était né en 1932 et avait une lourde hérédité. Son père, en effet, avait été condamné près de dix-neuf fois pour vols, tentative de meurtre et attentats sexuels contre de jeunes enfants. Hoffman lui-même fut plusieurs fois condamné pour vol et passa neuf années en prison. C'était un homme de petite taille, laid et sourd-muet (un de ses frères souffrait également de ce handicap, ce qui donne à penser qu'il s'agissait d'une tare congénitale). Il ne plaisait pas aux femmes et la demande en mariage qu'il fit à une jeune femme, sourde-muette elle aussi, fut rejetée. Il semble que ce fut à la suite de ce refus qu'il se tourna vers les victimes bien plus consentantes qu'étaient les cadavres fraîchement enterrés.

Kuno Hoffman utilisait les corps fraîchement déterrés à la fois pour assouvir ses fantasmes sexuels et pour apaiser sa soif de sang. Il devait d'ailleurs déclarer : « J'ai besoin d'un litre de sang de femme par jour. » Il ajoutera : « C'est ce à quoi je suis habitué. Quand j'étais en liberté, je me le procurais sur les cadavres, dans les cimetières. » Il donnera l'explication suivante : « Je buvais le sang des femmes mortes parce que je voulais le sentir couler en moi-même. »

L'affaire débuta officiellement en novembre 1971 dans le cimetière de Nuremberg-sud lorsque Kuno Hoffman ouvrit la tombe fraîche d'une fille de quinze ans, décédée dans un accident d'automobile, et déterra son cadavre. Il contempla longuement son corps puis incisa profondément la poitrine avec un couteau, colla ses lèvres sur la plaie et aspira le sang. Le cadavre fut retrouvé tel quel le lendemain. On se rendit compte aussi qu'il avait été violé.

Ce n'était pas la première fois que de semblables profanations avaient lieu puisque les chapelles ardentes de plusieurs cimetières avaient connu des visites identiques. Certaines fois, Hoffman avait même enfoncé profondément des cierges dans les yeux de femmes exposées.

Le 6 mai 1972, on découvrit un jeune couple assassiné dans une Mercedes. Ils avaient été surpris dans leur sommeil par Hoffman qui les avait tués de plusieurs balles. Le meurtrier avait ensuite entaillé le corps des deux jeunes gens et bu avidement leur sang. Il avait aspiré le sang du jeune homme directement à la tête, là où les balles avaient pénétré. Il dira d'ailleurs : « À ce moment, je me suis senti exactement aussi fort que lui. »

Il est certain que Hoffman, dont le coefficient intellectuel était au-dessous de la moyenne, affligé d'un visage ingrat, portant des lunettes aux verres énormes et handicapé, avait fini par croire qu'il ne pourrait approcher les femmes que lorsqu'elles étaient mortes. Pour les psychiatres qui l'examinèrent, il souffrait d'intenses frustrations et voulait, par ces actes, devenir beau et fort.

Peu de temps après le double meurtre dans la Mercedes, Hoffman, reconnu suite au signalement donné par un garde-chasse qui l'avait vu s'enfuir vers la forêt, fut appréhendé par la police et passa tout de suite aux aveux. Il fut condamné à la prison à vie.

Boire du sang ne l'avait aidé en rien pour lutter contre son destin et n'avait fait que précipiter sa chute…

Le Vampire de Galkowiek

On rencontre un vampire plus « traditionnel », si on peut dire, en la personne de Stanislas Modzieliewski, qui a sévi à Lodz, en Pologne, dans les années 1950. Plus précisément, c'est dans un des faubourgs de la ville, Galkowiek, qu'il accomplit ses crimes, ce qui lui valut son surnom. En quinze ans, il viola, assassina et but le sang de sept femmes après les avoir mordues au cou, leur déchirant la gorge.

Modzieliewski était un homme robuste, lourd et massif, qui travaillait comme éboueur. Il semble qu'il ait eu une mère brutale et alcoolique. Il manifesta, en tout cas, une haine viscérale à son égard. Il avait été marié et deux enfants étaient nés de cette union, mais, du fait de sa brutalité, sa femme l'avait abandonné après deux ans de mariage seulement.

Lors de ses expéditions meurtrières, Modzieliewski s'habillait tout de noir, portant masque et chapeau à larges bords, et utilisait un fil électrique pour ligoter ses victimes.

Il commit son premier crime le 29 juillet 1952. La victime était une veuve de soixante-sept ans. Elle portait un bandeau sur les yeux, ses mains étaient liées par un fil électrique et ses vêtements étaient remontés jusque sous ses bras. Le médecin légiste établit qu'elle avait été jetée violemment sur le sol, ligotée et violée avant d'être étranglée. Mais, surtout, il estima que son agresseur avait bu son sang… alors qu'elle était encore vivante.

Une semaine plus tard, une jeune femme fut attaquée à son tour, mais elle se défendit bec et ongles. Des passants, alertés par ses cris, s'élancèrent dans sa direction, faisant fuir son assaillant. La description que la victime donna de celui-ci fut cependant trop floue pour faire avancer l'enquête : un homme robuste, qui devait peser une centaine de kilos et dont les bras étaient anormalement longs.

Dans les mois qui suivirent, le « Vampire » poursuivit ses agressions, faisant de nouvelles victimes, s'attaquant aussi bien à des femmes jeunes qu'à des octogénaires. Sa façon de procéder était presque toujours la même : le fil électrique, le viol, la strangulation et les morsures au cou. Mais il lui arrivait aussi de se servir d'un revolver.

Le 29 juillet 1955, il commit son dernier crime à Lodz. Plusieurs mois s'écoulèrent sans agression et les policiers commencèrent à se poser des questions. Le Vampire était-il mort ? S'était-il suicidé ? Avait-il péri dans un accident ? En tout cas, douze ans s'écoulèrent sans qu'il commît le moindre crime, du moins à Galkowiek.

Mais en 1967, à Varsovie, une femme de quatre-vingt-sept ans, Mafia Gazek, fut retrouvée étranglée dans son appartement. Ce qui attira immédiatement l'attention des enquêteurs fut la façon dont elle avait été assassinée. Elle avait été déshabillée, violée et étranglée avec un fil électrique. Mais surtout son cou portait de profondes déchirures à la gorge.

Elle vivait avec sa fille et avait sous-loué plusieurs chambres. L'une d'elles était occupée par un certain Stanislas Modzieliewski. La fille de la victime en faisant son lit avait remarqué la présence de fil électrique dans la pièce et en avertit aussitôt la police.

Les enquêteurs arrêtèrent Modzieliewski et perquisitionnèrent dans sa chambre. Ils y trouvèrent le collier de la malheureuse victime ainsi qu'un cahier où étaient soigneusement collés tous les articles ayant trait au Vampire de Galkowiek. Mis en présence de ces preuves indiscutables, Modzieliewski avoua sept meurtres ainsi qu'un nombre indéterminé de viols.

Ce qui est intéressant dans le cas de cet assassin, c'est qu'il croyait réellement en l'existence des vampires et que pour lui, le comte Dracula n'était pas seulement un personnage de fiction. Il n'éprouvait guère de remords et dit au lieutenant Szarek, venu spécialement de Lodz et qui avait enquêté sur les meurtres commis dans cette ville que : « Nous sommes tous des animaux. Vous mangez des animaux. Nous mangeons tous des animaux. Cela n'émeut personne ! »

Lorsqu'on lui demanda si cela ne le dégoûtait pas d'avaler du sang humain, il répondit : « Non. Pourquoi ? C'était chaud et cela a bon goût... C'est doux et épais comme du cacao... ». Il fut jugé responsable de ses actes et condamné à mort.

Un vampire aux méthodes modernes

Un matin de novembre 1985, lors de la fête de Thanksgiving, dans le comté de Brevard (Floride), un automobiliste découvrit une jeune fille de dix-neuf ans, entièrement nue, qui rampait sur le bas-côté de la route. Elle avait les pieds et les mains entravés par des menottes et avait perdu une grande quantité de sang, ce qui l'avait considérablement affaiblie.

Elle raconta qu'elle avait été séquestrée et violée par un homme qui habitait dans une grande maison avec piscine dont elle se souvenait très bien. Fait plus curieux, son agresseur avait bu son sang à plusieurs reprises. Les médecins qui l'examinèrent constatèrent, en effet, que la jeune femme avait perdu de quarante à quarante-cinq pour cent de son sang...

Alors qu'elle partait chez un ami en stop, un automobiliste l'avait prise à bord de son véhicule. Il s'était arrêté à son domicile sous le prétexte d'y prendre quelque chose qu'il y avait oublié. Il avait demandé à la jeune fille d'entrer avec lui, mais, devant son refus, il était devenu violent et l'avait étranglée avec une corde en nylon jusqu'à ce qu'elle perde connaissance.

La malheureuse s'était réveillée dans la cuisine, attachée solidement à une table. Son agresseur l'avait violée et avait filmé la scène en vidéo.

Mais l'inconnu avait des « manies » plus étranges qui le distinguaient des autres délinquants sexuels. Ainsi, il introduisit des aiguilles intraveineuses dans les bras de la jeune femme et en tira une grande quantité de sang. Il but ce sang en lui affirmant qu'il était un... vampire ! Un vampire moderne qui n'utilisait pas ses dents, mais un matériel plus commode.

L'homme conduisit ensuite la jeune fille, menottée, dans la salle de bains et la viola une nouvelle fois. Il recommença également son curieux manège et but une autre quantité de sang ; Il indiqua à sa victime qu'il était obligé de partir, mais qu'il reviendrait le soir même. Après son départ, la jeune fille parvint à se libérer et à se traîner jusque sur la route, épuisée et traumatisée par l'expérience qu'elle venait de vivre.

Elle put cependant décrire la maison avec suffisamment de précision pour que les policiers parviennent à la repérer. Elle appartenait à un certain John Brennan Crutchley, qui travaillait dans une société de sous-traitance sous contrat avec la NASA. L'homme était marié et avait un enfant, mais il ne voyait sa famille que pendant les vacances.

Les policiers perquisitionnèrent à son domicile et découvrirent le crochet mural auquel avait été attachée la jeune fille ainsi qu'une caméra vidéo. Mais Crutchley avait réussi à détruire les films avant l'arrivée des enquêteurs. Ils trouvèrent également des cartes de crédit appartenant à des femmes ainsi que plusieurs colliers. Crutchley expliqua que ces objets appartenaient à des auto-stoppeuses qui les avaient oubliés dans sa voiture.

Les enquêteurs découvrirent également un carnet où Crutchley avait noté le nom de soixante-deux femmes avec l'indication de leurs performances sexuelles. Après vérification, si la majorité d'entre elles affirmèrent avoir accepté librement de participer à des parties sexuelles (auxquelles la femme de Crutchley elle-même n'était pas étrangère…), certaines avouèrent avoir été violées par l'informaticien.

Les policiers constatèrent aussi que quatre femmes avaient disparu dans le comté de Brevard et pensèrent que Crutchley était à l'origine de leur disparition, mais sans en avoir la preuve directe. S'intéressant à son parcours professionnel, ils constatèrent que dans tous les lieux où il avait travaillé et séjourné, des femmes avaient disparu. Mais on ne put prouver sa culpabilité.

Après diverses tractations, Crutchley, conseillé par son avocat, accepta de plaider coupable pour coups et blessures et viol si les accusations de vampirisme étaient abandonnées. Sa femme, si elle ne témoigna pas au procès en sa faveur, le défendit souvent dans la presse et l'assista tout au long de la procédure.

Le procureur, afin d'étayer son dossier, demanda au spécialiste des serial killers Robert Ressier de venir témoigner contre Crutchley afin que celui-ci soit condamné plus lourdement. En effet, pour une première condamnation, et en faisant jouer le jeu des remises de peine, le prévenu pouvait ressortir dans cinq à six ans (pour une peine de douze à quinze ans prononcée).

Ressier accepta, s'étant déjà occupé de cinq à six affaires de vampirisme (dont celle du Vampire de Sacramento, que l'on examinera plus loin). Il estima que Crutchley était certainement un dangereux serial killer dont il avait toutes les caractéristiques : trophées conservés à son domicile (les vidéos), obsession du sexe et de nouvelles expériences. Il valait donc mieux essayer de le faire emprisonner le plus longtemps possible.

Crutchley était issu d'une famille bourgeoise aisée, mais avait été élevé curieusement par sa mère, qui l'avait habillé en fille jusqu'à l'âge de cinq à six ans. Il avait ensuite été suivi par un psychologue dans son adolescence puis s'était lancé dans toutes sortes d'expériences sexuelles et avait fréquenté assidûment les milieux échangistes. Sa première femme le décrivit également comme un sadique qui aimait manipuler les gens.

Au cours du procès, Crutchley tenta d'accréditer la thèse qu'il n'était qu'un homme poussé par une soif d'expériences sexuelles, mais nullement dangereux. Si les accusations de vampirisme furent abandonnées après « l'arrangement » passé avec l'accusé, le tribunal n'en examina pas moins ce point particulier. Crutchley essaya alors de minimiser les faits en les présentant comme un rituel sexuel tout à fait inoffensif, un « jeu » auquel une infirmière l'avait initié. Toutefois, selon les médecins qui examinèrent la jeune autostoppeuse, celle-ci serait morte si une nouvelle quantité de sang avait été prélevée. Ce rituel était loin d'être aussi inoffensif que le prétendait l'accusé. Pour sa défense, Crutchley affirma qu'il n'avait pas bu le sang de sa victime, celui-ci s'étant coagulé.

Crutchley fut condamné tout de même à une peine de vingt-cinq ans de prison, assortie de cinquante ans de mise à l'épreuve. Mais avec le jeu des remises de peine et une bonne conduite en prison, il fut libéré en 1996 puis remis en prison pour une infraction sur les drogues. Il est décédé accidentellement dans sa cellule en 2002.

Si Crutchley se définissait lui-même simplement comme un observateur et un expérimentateur curieux des choses du sexe, quelques tueurs en série manifestent, eux, une obsession particulièrement monstrueuse pour le sang, le plus connu d'entre eux étant le fameux Vampire de Sacramento.

Le Vampire de Sacramento

Le 23 janvier 1978 au soir, un meurtre atroce fut commis à Sacramento, la capitale administrative de la Californie. David Wallin, un jeune homme de vingt-quatre ans, rentrait chez lui après son travail, quand il tomba sur une vision d'horreur : sa jeune femme Terry, enceinte de trois mois, avait été tuée et éventrée ! Trop choqué pour pouvoir parler, il fut incapable de répondre aux questions des enquêteurs. Un adjoint du shérif dira ensuite avoir fait des cauchemars pendant des nuits entières après avoir vu l'état du corps.

Le crime fit la une des journaux, mais la police n'en communiqua pas certains détails afin d'éviter la panique et pour conserver des indices secrets destinés à confondre le criminel s'il venait à récidiver. Pour les policiers, et surtout pour les profileurs du FBI, il ne faisait en effet aucun doute qu'un tueur en série de type schizoïde était à l'œuvre et qu'il n'allait pas en rester là… La jeune femme s'était débattue, mais avait succombé aux coups de feu portés par son agresseur qui l'avait ensuite déshabillée et éventrée, mais sans lui faire subir de sévices sexuels. Ce qui n'avait pas été révélé, c'était que la victime avait eu le ventre ouvert du nombril au sternum, l'intestin répandu et que plusieurs organes avaient disparu. Un pot de yaourt imprégné de sang prouvait, lui, que l'assassin avait bu celui de sa victime !

Quatre jours plus tard, l'assassin commit effectivement un nouveau crime, dépassant le premier en horreur. Il s'attaqua cette fois à une jeune femme, Evelyn Miroth, âgée de 36 ans, qu'il abattit d'un coup de fusil, puis tua un ami présent sur les lieux, Daniel Meredith, âgé de 52 ans, et le fils de la jeune femme, Jason, 6 ans. Enfin, il exécuta dans son berceau et d'une balle dans la tête, David, le neveu d'Evelyn, âgé de 22 mois.

L'assassin emporta le cadavre de la jeune femme dans la chambre, le déshabilla entièrement puis l'éventra. Cette fois-ci il découpa les organes génitaux de la morte et lacéra celle-ci de coups de couteau, s'acharnant sur le visage et la région anale. Dans la baignoire flottaient des morceaux de la cervelle du petit David. L'assassin but sur place le sang de sa victime puis s'enfuit au bruit fait par un voisin, en emportant avec lui le corps du bébé.

Cette nouvelle tuerie de celui qu'on surnomma désormais le Vampire de Sacramento affola la population. Au vu de la scène de crime, le profileur

Robert Ressler estima alors que le meurtrier n'habitait pas à plus d'un kilomètre du domicile de ses victimes : il agissait visiblement trop sous le coup de ses émotions pour imaginer qu'il vienne de plus loin ou qu'il ait pu planifier d'avance son meurtre. Pour Ressler, il était arrivé probablement à pied chez sa victime, mais, s'il avait une voiture, il y avait des chances que celle-ci soit très mal entretenue. Par ailleurs, il était trop perturbé pour se cacher et il était probable que sa voiture soit tout simplement garée... devant chez lui.

Forts de cette description, les policiers se lancèrent aux trousses de l'assassin. Une piste leur fut fournie par une jeune femme qui avait croisé dans un centre commercial, une ou deux heures avant le premier crime, un jeune homme qu'elle avait connu au collège. Son apparence physique l'avait frappée : très maigre, des croûtes blanchâtres autour des lèvres, il portait une chemise maculée de sang. Il s'était approché de la jeune femme, qui était en voiture, et l'avait fixée d'un regard halluciné en s'agrippant au véhicule. Effrayée, elle avait démarré immédiatement. L'homme s'appelait Richard Trenton Chase.

Chase habitant non loin du centre commercial, les policiers se rendirent à son domicile. En les voyant approcher, il tenta en vain de se sauver et jeta le carton qu'il avait à la main. Dedans on retrouva des chiffons, une couche ensanglantée ainsi que des morceaux de cervelle. Dès leur entrée dans l'appartement en proie à un désordre indescriptible, une odeur de putréfaction assaillit les policiers. Ils trouvèrent des colliers pour animaux (dont les propriétaires avaient signalé la disparition), trois mixeurs ayant contenu du sang et de nombreuses coupures de presse relatant le premier meurtre. De la matière fécale jonchait le plancher de la chambre et il y avait des bouts d'os humains dans tout l'appartement. Sur le lit, une assiette contenait encore des morceaux de cervelle baignant dans du sang… Le Vampire de Sacramento venait d'entrer dans la légende du crime.

Richard Chase était né en 1950 dans une famille modeste. Les parents se disputaient sans cesse et finirent par divorcer. La mère souffrait de psychose paranoïde et était persuadée que son mari voulait l'empoisonner. Les psychiatres déclarèrent plus tard qu'elle était une « *mère classique de schizophrène, profondément destructrice, (...) manipulatrice et agressive* ».

Enfant, Chase était décrit comme timide et doux. Il urina au lit jusqu'à l'âge de huit ans, mais ses vrais problèmes débutèrent réellement à douze ans, avec les disputes continuelles de ses parents. Élève moyen (avec un QI de 95), il n'avait pas d'amis et ne connut que quelques liaisons éphémères. Au collège il commença à boire et à se droguer. Il parvint à terminer ses études et trouva en 1969 un emploi qu'il ne conserva que quelques mois. Ensuite, il se révéla incapable de travailler plus de quelques jours d'affilée et vécut aux crochets de ses parents.

En 1973, il fut appréhendé pour port d'arme prohibée et coups et blessures volontaires. En 1976, il tenta de s'injecter dans les veines du sang de lapin et dut être transporté à l'hôpital. Jusque là, il s'était contenté d'acheter des lapins, de les éviscérer et de les mélanger leur chair avec leur sang avant de boire le tout… Suite à cet épisode, il fut donc placé en institution spécialisée. Le personnel le surnomma vite Dracula, car il aimait déchiqueter les oiseaux à coups de dents. On le retrouva à plusieurs reprises avec les vêtements et le visage tachés de sang.

Comme sa mère, Chase croyait qu'on voulait l'empoisonner et que son propre sang menaçait de se dessécher ! Il était convaincu qu'il avait besoin de sang frais pour régénérer le sien sinon il risquait la mort. Il fut finalement libéré en 1977, les médecins estimant alors qu'il était devenu capable de se contrôler. Il vécut ensuite alternativement chez lui et chez sa mère, subsistant grâce à une pension d'invalidité accordée suite de son placement en institution spécialisée. Ceux qui le rencontrèrent à l'époque déclarèrent qu'il vivait continuellement dans le passé, qu'il parlait beaucoup de soucoupes volantes et d'un syndicat du crime nazi qui le poursuivrait…

En 1977, Chase fut retrouvé errant nu près du lac Tahoe, le corps couvert de sang. On l'arrêta, mais le sang et le foie découverts dans un sac en plastique au fond de sa voiture, provenant d'un animal, il fut donc relâché. Il retourna chez lui et commença alors à s'attaquer aux animaux des environs, sans être pris. Il les tuait et en mixait le sang et les viscères dans des boites de Coca-Cola avant d'absorber le tout. Il devint également persuadé que ses organes se déplaçaient à l'intérieur de son corps et que son cœur rapetissait à cause du manque de sang : sa psychose ne cessait de se renforcer…

À la fin de l'année, Chase tira un coup de feu mortel sur un inconnu, Ambrose Griffin, puis blessa une femme sur laquelle il avait tiré à travers les vitres de son appartement. Complètement perturbé, entendant des voix qui lui ordonnaient de tuer, il était désormais mûr pour les six meurtres épouvantables qui allaient le rendre si tristement célèbre.

Son procès se tint au début de l'année 1979. Son avocat plaida en vain la démence, mais Chase fut considéré comme responsable de ses actes en dépit de sa maladie mentale évolutive. Reconnu coupable de six homicides au premier degré, il fut condamné à la peine capitale et transféré dans le couloir de la mort à la prison de San Quentin.

Ressler, qui continuait de s'intéresser au cas de Chase, regretta cette sentence. En 1979, il rencontra le tueur pour l'interroger dans le cadre du programme de profilage mis au point par le FBI. Cet entretien confirma que Chase avait toutes les caractéristiques d'un tueur désorganisé et Ressler fut frappé par son apparence physique : « *Je reçus un choc en le voyant entrer. Je n'oublierai jamais son regard. Ses yeux faisaient penser à ceux du requin des* Dents de la mer *: deux billes noires, sans pupilles, deux yeux diaboliques. J'eus la curieuse impression qu'ils me transperçaient sans me voir* ».

Chase réaffirma avoir commis ces meurtres, car il lui fallait absolument du sang pour survivre. Il expliqua aussi qu'il était sous la menace d'un porte-savon empoisonné, que le poison transformait son sang en poudre et que celle-ci s'attaquait ensuite au corps, dévorant ses énergies et l'affaiblissant… Également persuadé qu'on essayait de l'empoisonner dans la prison, il demanda à plusieurs reprises que sa nourriture soit examinée.

Chase déclara également aux agents du FBI qu'il était juif, ce qui était faux, et qu'il avait été persécuté toute sa vie par les nazis parce qu'il avait une étoile de David sur le front ! Liés aux les soucoupes volantes, c'était ces nazis qui lui avaient ordonné par télépathie de tuer des gens. Pour lui, les soucoupes volantes étaient responsables d'accidents d'avion et branchées sur des batteries antiaériennes utilisées par les Iraniens contre les États-Unis. Avec les informations qu'il disait détenir, il affirmait qu'il serait possible de détecter ces soucoupes, de prouver ainsi qu'elles le surveillaient et que c'était donc bien en état de légitime défense qu'il avait agi !

Le Vampire de Sacramento ne devait pas être exécuté. Il fut retrouvé mort dans sa cellule. Il avait stocké tous les antidépresseurs qu'on lui donnait pour le tranquilliser et les avait avalés d'un seul coup. Avait-il pris tous ces cachets pour échapper enfin aux voix qui continuaient de le persécuter ? Ou pour échapper aux autres détenus de la prison qui ne cessaient de se moquer de lui, de le menacer et de le pousser au suicide ?

Lorsqu'on demanda à Chase comment il procédait pour choisir ses victimes, il répondit qu'il cherchait une maison avec une porte ouverte et que si la porte était verrouillée, il n'insistait pas. Aux agents du FBI surpris, pensant qu'il aurait pu forcer une des portes sans la moindre difficulté, il expliqua alors avec un grand calme que « *Quand une porte est fermée à clé, ça veut dire qu'on n'est pas le bienvenu...* »

Il est vrai que depuis le *Dracula* de Bram Stoker tout vampire qui se respecte sait bien qu'il ne peut entrer dans une maison sans y avoir été au préalable invité...

Lauric Guillaud

Lauric Guillaud, né à Nantes le 17 juin 1949, est un essayiste, traducteur et universitaire français, spécialiste des littératures de l'imaginaire et du roman d'aventure, plus particulièrement des mondes perdus — son doctorat d'État portant sur le thème du monde perdu dans la littérature anglo-saxonne. Après avoir enseigné à l'Université de Nantes, depuis 2009 il enseigne à l'Université d'Angers la littérature anglaise et américaine.

Auteur de nombreux ouvrages parmi lesquels « Les Détectives de l'étrange », « La Terreur et le Sacré : La nuit gothique américaine » et « Le Nouveau Monde : Autopsie d'un mythe », il a cosigné avec Philippe Marlin en 2016 un « Guide du thriller ésotérique » et vient de publier un ouvrage sur la généalogie littéraire de Lovecraft, « de la Terreur au Sacré ».[90]

____

90   Les deux derniers ouvrages ont été publiés aux Éditions de l' oeil du Sphinx.

Je souhaiterais proposer une réflexion sur un phénomène éditorial qui dépasse le cadre du roman policier. Aujourd'hui, dans le monde occidental, plus de 30 % des livres publiés relèvent du genre policier, le polar pour parler familièrement. Or, il s'agissait jusque là, hormis quelques exceptions, d'un genre réaliste bien ancré dans le présent. Progressivement, le roman historique a emprunté ses codes au polar et l'on assiste, depuis *Le Nom de la Rose* d'Umberto Eco, au succès d'un sous-genre, les détectives de l'histoire, qui prolifère aujourd'hui sous la plume d'Ellis Peters (*Les Chronicles de Cadfael*), d'Anne Perry avec le monde victorien, de Van Gulik avec la Chine du 7e siècle, de Doherty avec l'Ancienne Égypte, de Somoza avec le monde grec du 5e siècle, de Parris avec le Londres du 16e sièc, etc. On ajoutera aujourd'hui à la greffe historique la greffe ésotérique ou fantastique.

Je commencerai par une présentation de ce genre relativement nouveau avant de résumer le mouvement du *Matin des Magiciens*. Je conclurai en soulignant selon moi les points communs et les différences entre le mouvement *Planète* et ce genre littéraire.

Définition. Sous-genre du roman criminel ou policier, le polar ésotérique, dit « éso-polar », allie énigme, suspense et révélation de secrets religieux ou occultes, avec un arrière-plan privilégiant sociétés secrètes, conspirationnisme et eschatologie. À la jointure de deux mondes, le détective s'efforce de percer le secret d'une Histoire pleine de bruit et de fureur. Pour ce faire, l'auteur mêle les lieux et les époques, multipliant les déplacements spatio-temporels, dans un contexte religieux ou mystique. Profanation de tombeaux, découverte de manuscrits maudits, viol de sépultures — au retour bienheureux se substitue celui du refoulé. L'énigme à résoudre finit par dépasser le crime isolé pour s'enfler jusqu'au niveau d'une énigme planétaire, séculaire, voire millénaire, remettant en question le monde tel que nous le connaissons, et débouchant sur le fantastique. L'enquête se mue ainsi en quête : il s'agit de récupérer ce qui a été perdu. Cette quête conduit immanquablement dans des lieux géographiquement sacralisés par le passé. De ce double voyage viendra l'illumination au bout de la quête/enquête, même si la conclusion s'avère parfois angoissante.

Historique du genre. L'histoire du polar fait apparaître des zones crépusculaires que le policier se plaît à emprunter au fantastique. Après tout, l'enquête n'est-elle pas la forme profane de la quête ésotérique, et le détective, à l'instar du héros mythique, ne respecte-t-il pas l'étymologie même du verbe « détecter », c'est-à-dire « déceler » l'existence de ce qui est *caché* ? Le recours au fantastique n'est jamais innocent surtout lorsqu'il s'agit d'ésotérisme. Une douzaine d'auteurs furent les adeptes de la même société initiatique, la « Golden Dawn ». Parmi eux, Arthur Machen, Algernon Blackwood, Aleister Crowley, Charles Williams, Dion Fortune, et peut-être Bram Stoker, Sax Rohmer et John Buchan. Face au retour des anciennes divinités, le détective est le dernier rempart contre l'irruption des Forces du Mal. On reconnaîtra là quelques thèmes familiers, véhiculés par le genre des détectives de l'étrange, et qui renaîtront sous la plume des auteurs de polar ésotérique près d'un siècle plus tard.

Dans les années 1980, signe des temps, l'esthétique de l'insolite cède la place au déchaînement du « gore », même si les ennemis traditionnels resurgissent inchangés : « Grands Anciens », sorciers et sorcières, dragons, morts-vivants, sociétés secrètes, etc. Peu à peu s'impose le conspirationnisme. Les premières œuvres de ce type sont des romans d'espionnage comme *La Centrale d'Énergie* (1910) de John Buchan. Le thème de la guerre cosmique est illustré par Charles Williams dans *La Guerre du Graal* (1930). *La Bête de l'Apocalypse* (1978) de Raoul De Warren relève à la fois de la littérature populaire, du fantastique, du policier, de l'espionnage et de l'occultisme.

De Warren, dont les romans oscillent entre réalité et surnaturel, semble le grand précurseur du genre, même si Umberto Eco révolutionne le polar historique et d'érudition, entre « suspense de bénitier » et histoire du sacré, avec le polar théologico-médiéval *Le Nom de la rose* (1980). Il en fera de même avec le polar ésotérique en publiant *Le Pendule de Foucault* (1988). Ce roman inclassable, plutôt anti-ésotérique, annonce paradoxalement les ressorts futurs de l'éso-polar : passion des mystères hermétiques, plan mondial pour diriger le monde, digressions historiques et érudites, nombreuses références scientifiques ou littéraires, panorama de l'occultisme. Avec près de vingt ans d'avance, Umberto Eco applique les recettes qu'utilisera plus tard Dan Brown et ses épigones en imaginant un fil rouge à toutes les traditions ésotériques de l'Histoire.

Une machinerie littéraire est enclenchée. *La Conspiration des ténèbres* (1991) de Theodore Roszak, *L'énigme du Vatican* de Frédérick Tristan (1995) ou *Qumran* (1996) d'Eliette Abécassis frayent la voie à une mode qui semble durable, mais c'est surtout le prodigieux succès du *Da Vinci Code* (2003) de Dan Brown (82 millions d'ex.) qui semble à l'origine de l'engouement actuel. *Le Testament des Siècles* (2003), le thriller ésotérique d'Henri Lœvenbruck eut le malheur de sortir en même temps que le *Da Vinci Code*.

On tente de démystifier, voire de démythifier, les icônes du christianisme. Tout d'abord le personnage énigmatique de Jésus-Christ, puis Marie-Madeleine. Le roman se réapproprie peu à peu ce qu'une certaine littérature ésotérique ou pseudo-ésotérique avait commencé à percer. Une nuée d'ouvrages va désormais s'engager à livrer au public des secrets millénaires, le plus célèbre étant *L'Énigme sacrée*, essai controversé publié en 1982 par Lincoln, Baigent et Leigh. La thèse de cet ouvrage sera romancée par

Dan Brown dans son *Da Vinci Code*, vingt ans plus tard. D'autres « essais » chercheront à synthétiser ou à amalgamer des mouvements religieux ou sectaires : Templiers, Cathares, Illuminés, livrant de prétendues clés ou révélations. D'autres sujets s'imposeront comme l'énigme de Rennes-le-Château ou l'Histoire secrète du monde étudiée sous un angle paranoïaque, peut-être encouragés par les théories complotistes post-11 septembre. L'Histoire officielle ou académique, forcément suspecte, doit être décryptée sous un angle exotérique, c'est-à-dire public. Il s'agit de retranscrire en langage clair (le roman) un message rédigé dans une écriture secrète, chiffrée, dont on ignore le code.

En 1997, Michael Drosnin publie *La Bible : le Code secret*. Le Code de la Bible, interprété à l'aide d'un logiciel d'ordinateur, prédirait le futur. Une intelligence extraterrestre aurait délivré ce code afin d'avertir les hommes de l'approche imminente de l'apocalypse. Cette composante eschatologique, ajoutée à une forte dose de science, sera centrale dans l'éso-polar : on ne décrypte le passé que pour prophétiser l'avenir. Les dangers du progrès étant dissimulés dans les brumes de l'Histoire, les codes vont proliférer : *Da Vinci Code*, évidemment, mais aussi messages secrets et cryptogrammes qui complexifient la découverte de l'énigme[91].

Comme au XIXe siècle, les archéologues, qui retrouvent leur double rôle de héros de la science et d'exhumateurs de secrets, font des découvertes capitales : par exemple, des rouleaux de cuivre codés menant au trésor caché par les Juifs (*Le Diamant de Jérusalem* de Noah Gordon) ou toute une civilisation préhistorique disparue en pays cathare (*Les Doigts du*

---

91   Comme dans *La Cène secrète* (2004) de Javier Sierra ou encore *La Règle de quatre* (2004) de Ian Cadwell et Dustin Thomasson. D'autres codes suivront, comme *Le Code du Christ* de Phil Hartmann (2008), *The Temple Mount Code* (2011) de Charles Brokaw, *Le Code Jefferson* de Steve Berry (2012) ou *Le Code Eden* de Paul Dravenne et Florence Devalle (2013).

diable de Dominique Delpiroux). Et leurs découvertes créent des remous (*Le Secret de Paul* d'Eric de Broqueville). Si le monde change, on observe une même permanence des croyances, fussent-elles les plus folles ou les plus dérangeantes.

Tendances. Considérons d'abord un phénomène purement éditorial qui représente près de 500 romans publiés depuis les années 1990. Jamais sans doute un genre n'avait inspiré autant d'écrivains érudits et diplômés. Sans surprise, l'écrasante majorité des protagonistes appartient au monde savant : le héros de Dan Brown, Robert Langdon, est professeur à Harvard, le héros de Steve Berry est expert en manuscrits, celui de Will Adams et de David Gibbins est archéologue, etc.

Deux types de savoirs s'affrontent : celui de la science officielle et celui des traditions ésotériques ou mythologiques. Le plus souvent l'irrationnel l'emporte sur la science, car il possède la vertu de ressusciter, mais il peut arriver que la science moderne soit à même de modifier le passé, notamment par la génétique. Au XIXe siècle, le savant, grâce à son savoir rationnel, dominait la nature. Un ou deux siècles plus tard, le savant continue de percer les secrets du passé, mais c'est pour exhumer des reliques subversives qui inversent la hiérarchie épistémologique habituelle. D'une certaine façon, l'héritage des Lumières est mis à mal par le polar ésotérique : visiblement, comme dans les années 1930, la science et la civilisation occidentale dans son ensemble peinent à résister au déferlement des anciens dieux, des croyances les plus ténébreuses, des malédictions d'antan.

Dans les best-sellers, de nouveaux héros cryptologues apparaissent, qui tentent de percer à la fois une énigme criminelle et un mystère d'essence théologique : Daniel Knox (*Le Tombeau d'Alexandre* de Will Adams), Ari

Mackenzie (*Le Rasoir d'Ockham* de Henri Loevenbruck), Cotton Malone (*L'Héritage des Templiers* de Steve Berry), Antoine Marcas (*L'Empire du Graal* de Giacometti et Ravenne), Catherine Velis (*Huit* de Katherine Neville). Tous ces détectives de l'histoire côtoient le crime lors de leurs investigations théologiques ou durant leurs quêtes de mythes perdus. Fondant leurs intrigues sur un fait religieux ou historique, les auteurs apportent alors une relecture spectaculaire de notre passé.

Une Histoire cachée continue d'exercer son emprise sur le monde contemporain. D'où le thème de la malédiction : *La Malédiction de Nostradamus* de Frédéric Martineau, *La Malédiction du Livre Noir* de Tom Knox, *La Malédiction de Lilith* de Michael Byrnes. Découverte de manuscrits maudits, viol de sépultures sacrées : ces thèmes, typiques de la littérature fantastique, rappellent les œuvres de R. E. Howard ou de H. P. Lovecraft. Au retour bienheureux se substitue celui du passé maudit, le « monstrueux héritage de l'antiquité » (Henry James). Car la moindre exhumation est synonyme d'anéantissement ou de chaos. On déterre un Cinquième Évangile et le prétendu squelette de Jésus (*Le Ve Évangile* de Philipp Vandenberg), l'Évangile de Judas (*L'Évangile des assassins* d'Adam Blake), le Testament de Jésus (*Le Dernier testament* de Philippe Le Roy) ou de Marie-Madeleine (*La Parole perdue* de Frédéric Lenoir et Violette Cabesos), etc. Du point de vue théologique, le bouleversement est automatique : remise en cause des origines de la Bible, révision des évangiles, révélation sur le Christ (*Le Secret du 13e apôtre* de Michel Benoît), remise en cause des fondements du christianisme et des religions révélées en général (*Un Pape suisse* de Jacques Neirynck). Car c'est bien l'Église dans son ensemble qui est en ligne de mire, et notamment le Vatican et ses secrets : révélations sur les successions papales, les milices vaticane sur

St Jean l'imposteur (Jean-Olivier Telesco) ou St Paul (*Le Secret de Paul* d'Eric de Broqueville). L'on trouve des réflexions sur l'avenir de l'Église ou sur l'évolution de l'humanité. Quelques romans visent rien de moins que de « démontrer l'existence de Dieu » ou que « la mort n'est qu'un début » tandis que d'autres, plus nombreux, s'attachent à dénoncer les impostures théologiques qui ont fonctionné jusque là, quitte à « changer le cours de l'Histoire » (*Le Secret du Temple* de Paul Sussman, *Vengeance* d'Hervé Gagnon). Il s'agit de dévoiler la « véritable Histoire » (*La Conspiration du Graal* de Lynn Sholes et Joe Moore), l'« Histoire cachée de l'humanité » (*La Prophétie d'Ararat* de S. Torossian), celle des textes gnostiques (*Ordo ab Chao* d'Orson Sinedy) et des Cathares (*La Conspiration des ténèbres* de Roszac), celle d'innombrables sociétés secrètes. Bref, l'éso-polar invitant à une relecture systématique de l'Histoire du monde, ses ressorts sont fatalement révisionnistes et conspirationnistes.

Pour mettre au jour l'imposture, il faut décrypter tout azimut : le labyrinthe de Chartres (*Le Labyrinthe de la rose* de Titiana Hardie), l'œuvre de Shakespeare (*Le Livre des âmes* de Glen Cooper) ou de Dante (*Inferno* de Dan Brown), le code de Voynich (*La Source* de Michael Cordy) et nombre d'étranges grimoires : manuscrits de la Mer Morte (*Qumrân*), carnets de Villard de Honnécourt (*Le Rasoir d'Ockham* de Loevenbruck), codex « Vaticanus » (*L'ultime secret du Christ* de José Dos Santos) ou codex « Archimède » (*Le Palimpseste d'Archimède* d'E. Abecassis), voire les toiles de maîtres, souvent réduites à des manuscrits métaphoriques : l'œuvre de Vinci (*L'Héritage de Vinci* de Lewis Perdue), « Le Songe de Poliphile » (*La Règle de quatre* de Ian Cadwell et Dustin Thomasson), la Cène secrète (Javier Sierra), une gravure de Dürer (*Le Testament des siècles*), une toile de Michelange (*Michelangelo et le banquet des damnés* de Didier Convard), etc.

Armés de leur savoir occulte, les enquêteurs des ombres sont les seuls habilités, de par leur statut de sachants, à appréhender une forme de criminalité « hors-norme » qu'il importe avant tout de *décrypter* avant de combattre. Ce don n'étant pas à la portée de tout un chacun, le détective présente les caractéristiques du génie qui semble faire défaut aux policiers, même si certains enquêteurs appartiennent à la police. Ce personnage extraordinaire par son savoir se rapproche ainsi de l'initié, occasionnant des combats aussi physiques que métaphysiques.

Il s'agit en effet de récupérer ce qui a été perdu : le testament secret de Moïse, le Feu de Thoth, un évangile perdu, un morceau de la croix, etc. La quête conduit aux quatre coins du monde, en général dans des lieux géographiquement sacralisés : le Vatican, Qumrân, Carnac, Égypte, Nazareth, Jérusalem, le désert du Sinaï, le Mt-Saint-Michel, la Bretagne celtique, Venise, Irak, Washington, etc. De ce double voyage viendra l'illumination au bout de l'enquête, même si la conclusion s'avère parfois alarmiste (risque d'apocalypse).

Le polar ésotérique est le réceptacle hétéroclite de toutes les traditions occultes de l'Histoire. Des plus nobles (les mystères d'Eleusis, le Graal, le Temple de Salomon, la Table d'Emeraude, la Kabbale, le culte de Mithra, la franc-maçonnerie) aux plus suspectes (Rennes-le-Château, le Suaire de Turin, les crânes de cristal, Mitterrand « grand initié », l'ésotérisme nazi). À force d'agiter certains thèmes comme les Templiers ou les Cathares, les auteurs finissent par lasser. En revanche, les polars maçonniques, tournant le dos à des décennies d'anti-maçonnisme primaire, réhabilitent l'ordre maçonnique et continuent de passionner les lecteurs (Giacometti et Ravenne), aussi bien dans le roman que dans la BD (Convart).

Le polar maçonnique. Dan Brown réussit la gageure de remettre au goût du jour l'intérêt pour les arcanes secrets de la franc-maçonnerie américaine dans *Le Symbole perdu* (2009). Harry Langdon est en quête du « *secret le mieux gardé de la franc-maçonnerie* », qui va le mener des sous-sols de la Bibliothèque du Congrès aux temples maçonniques de Washington D.C. À l'instar de plusieurs ésotéristes américains, Dan Brown tend à faire de la capitale une ode secrète à la franc-maçonnerie. Certains en effet ont cru discerner un gigantesque compas dans le plan des rues en diagonale, donnant corps au « complot maçonnique ». Il est difficile d'imaginer que deux siècles après la conception des plans de Washington, autant de passionnés scruteraient les plans de L'Enfant (l'architecte de la ville) afin d'y traquer toutes sortes de formes géométriques ou de signes mystérieux : étoile à cinq ou six branches, équerre et compas entrecroisés, Sephiroths de la kabbale, croix des Templiers, chouette, pentagramme inversé. Il semble qu'on puisse voir à peu près tout ce que l'on veut dans les rues de Washington…

Avant Dan Brown, le roman flirtait parfois avec les loges maçonniques sur un registre purement policier. *Un Meurtre chez les francs-maçons* (1998) de Mary London (pseudonyme de Frédérick Tristan) est l'un des premiers ouvrages à ouvrir le bal des assassinats en loge. Sir Malcolm Ivory doit résoudre un véritable mystère en chambre close, une loge maçonnique en l'occurrence. L'énigme classique du polar est renouvelée par le recours à des investigations dans un monde réputé mystérieux où le secret règne en loi. Pourquoi, dans la foulée de l'éso-polar, a-t-on vu foisonner, à partir de la fin du XXe siècle, autant de romans policiers utilisant la maçonnerie comme thème principal de l'intrigue ?

Après tout, un meurtre, celui d'Hiram, est au cœur du rituel maçonnique avec des conséquences pour le moins importantes. Nous avons là les ingrédients d'un solide roman policier. Ce n'est d'ailleurs pas un hasard si un frère est assassiné à la manière d'Hiram dans le premier roman de Giacometti et Ravenne. Ou si, dans *Quai des Cadavres* (2013) de J.-P. Bocquet, on découvre le cadavre d'un homme portant un tablier, un compas planté dans le cœur.

En 2005 paraît en effet le premier opus des aventures du commissaire Marcas, FM de surcroît, *Le Rituel de l'ombre* de Giacometti et Ravenne. Passons sur les détails de l'intrigue qui, au début, associe nazisme et franc-maçonnerie. Confronté à un rituel maçonnique sanglant, le frère enquêteur ne peut qu'observer un dévoiement choquant de l'initiation. Il lui faut ainsi se battre sur un double front : châtier les responsables et réhabiliter la maçonnerie en démontrant qu'elle n'est en aucun cas responsable des dérives de l'ordre.

Les tueries de l'éso-polar, dans la majorité des cas, relèvent de rituels religieux ou sectaires. L'énigme policière se double ainsi d'une quête des mystères archaïques : il faut rechercher les causes obscures de pratiques épouvantables dans un monde qui se pense encore éclairé. Le polar traditionnel est ainsi investi par la croyance sur un mode *gore*. Dans le polar maçonnique, la tragédie frappera, soit les membres d'une loge, voire ses dignitaires, soit le monde profane, toujours sous une forme rituelle. Dans les deux cas, l'enquêteur sera contraint d'ajouter à l'investigation classique son savoir (la science des symboles) et son expérience de la franc-maçonnerie.

Marcas et bien d'autres initiés de la police se verront coiffés de cette double casquette problématique : le policier butera sur le secret de la sphère maçonnique et le maçon sera souvent considéré comme suspect par le monde profane, se voyant même accusé des turpitudes qui salissent la maçonnerie. Toutefois, il est rare que le polar maçonnique verse dans l'antimaçonnisme : le plus souvent, le policier initié est à la fois victime des dérives de l'ordre et du chaos sociétal. Comme le privé du roman noir, il évolue dans un « entre-deux » éprouvant qui le laisse plutôt amer.

Le Rituel de l'ombre marie habilement les ingrédients de l'éso-polar et ceux de la maçonnerie : nazisme, découverte archéologique, rituels oubliés, drogue miraculeuse et massacres divers, sans oublier la scission du récit en deux parties alternées — procédé lassant à la longue. Un cocktail efficace que les auteurs resserviront avec le succès que l'on sait[92].

2005 fut certes une date clé pour l'essor du genre (les chiffres en témoignent), mais le polar maçonnique existait avant cette date : *Initiation au meurtre* (2000) de Jacques Braibant, *Accusé, couchez-vous !* (2002) de Michel Embareck et Laurent Leguevaque, *Le Tronc de la veuve* (2003) de Jack Chaboud, ou *Le Projet Salomon* (2003) d'Alain Guyard. Mais il est vrai que la recette hybride mise au point par Giacometti et Ravenne installa solidement le genre sur le marché du livre, précédant le roman de Dan Brown[93] de quatre années. Ces deux influences conjuguées poussèrent nombre d'auteurs à s'engouffrer soudain dans la brèche[94].

---

92   *Conjuration Casanova* (2006), *Le Frère de Sang* (2007), *La Croix des assassins* (2008), *Apocalypse* (2009), *Lux Tenebrae* (2010), *In nomine* (2010), *Le Septième templier* (2011), *Le Temple noir* (2012), *Le Règne des Illuminati* (2014) et *L'Empire du Graal* (2016).

93   Il faut de nouveau reconnaître l'influence de Dan Brown et de son *Symbole perdu* qui alimenta nombre d'essais et d'enquêtes : Alain Bauer et Roger Dachez : *Le Symbole perdu décodé* (2009) ; Simon Cox : *Le Symbole perdu décrypté* (2009) ; Philippe Darwin : *Le Symbole perdu décrypté* (2009) ; Marie-France Etchegoin et Frédéric Lenoir : *La Saga des Franc-maçons* (2010) ; Francis Moray : *La Franc-maçonnerie rendue intelligible aux lecteurs de Dan Brown – De la Clé d'Hiram au Symbole perdu* (2010).

94   *Mozart est là ! Le Secret des francs maçons* (2006) de Gordon Zola, *Et c'est ainsi qu'Hiram est grand* (2006) de Marc Viellard, *La Conjuration des vengeurs* (2006) de Laurent Ducastel et Jacques Viallebesset, *Le Secret d'Arcadia* (1997) d'Isabelle Prevost-Desprez et Thierry Colombié, *La Loge des innocents* (2008) de Michele Giutarri, *Le Chevalier Coën et le mystère de la parole perdue* (2007) de E.

Le survol d'une quarantaine de polars maçonniques signale la bonne
santé du genre en France et dans la francophonie en général, et aussi la
spécificité de l'approche purement policière et sociétale des auteurs. Les
auteurs-femmes sont en minorité, constat peu étonnant quand on connaît
l'histoire de la franc-maçonnerie, ou plutôt *des* francs-maçonneries. L'image
de la maçonnerie qui ressort de ces romans ne peut être que fragmentaire.
Il y a certes le désir de dévoiler certains mystères de l'ordre, mais on ne
va guère plus loin. La démarche ésotérique, le plus souvent superficielle,
n'est que prétexte à une fiction débridée. Il s'agit surtout de provoquer les
frissons d'un lecteur devenu voyeur face à l'interdit (le secret maçonnique)
à la manière des auteurs de romans érotiques. La maçonnerie n'est le plus
souvent qu'un ressort dramatique jouant le même rôle que la transgression
des tabous dans la fiction érotique. Au lectorat de décider quel genre est le
plus satisfaisant à cet égard.

À la frange de la science-fiction parfois, l'éso-polar n'hésite pas à mêler

---

Guimel et T. Dalet, *Les Mystères de Channel Row* (2007) et *Le Convent du sang*
(2009) d'Alain Bauer et Roger Dachez, Viviane Janouin-Benanti, dans *Puissance
démoniaque en terre maçonnique* (2008), *Du Rififi chez les fils de la veuve* (2012)
de Raphaël Confiant, *Requiem pour l'architecte* (2012) de Jean Darrig, Jean-Pierre
Bocquet, dans *Quai des cadavres* (2013) de Jean-Pierre Bocquet, *Le Martyr de l'étoile*
(2012) d'Evelyne Guzy, *Les Cinq Gardiens de la Parole perdue* (2013) d'Elmehdi
Elkourti, *Les Francs-maçons au pied du mur* (2009) et *Les Francs-maçons, la loge
barbare* (2010) de Mainnemare et Tacchela, *3 points c'est tout* (2011) de Didier
Doucet, *Mort suspecte d'un franc-maçon* (2011) de Alain Thon, *Meurtre en Kabbale*
(2009) de Baudoin Decharneux, *Loggia secretum* (2010) de Jean-Yves Tournié,
Dernières noces alchimiques (2014) de Michel Wirz, *Affaires étranges au 36 quai des
Orfèvres* (2011) et *La Pierre de sang* (2014) de Jean-Michel Roche, *L'Étoile de l'est*
(2011) et *L'Équerre et la croix* (2012) de Christophe Collins, *Ordo ab Chao* (2012)
d'Orson Sinedy, *Le Maître du sceau* (2015) de Jean-Pierre Bocquet, *Le Cœur noir*
(2013) d'Axelle Fersen, etc.

tradition, science et technologie. Paradoxalement, c'est en replongeant dans le passé le plus archaïque qu'il engage une stimulante réflexion sur les dérives ou les progrès scientifiques, notamment dans le domaine génétique ou la physique quantique. Curieusement, le mysticisme, loin d'oblitérer la science, impose des confrontations passionnantes (virologie, biotechnologie, antimatière, clonage, « mysticisme quantique » chez Jose Rodrigues Dos Santos) : ainsi, la génétique peut prouver l'existence divine (*Le 8ᵉ péché* de Philipp Vandenberg) et il serait même possible de ressusciter le Messie (*La Lance de la destinée* d'Arnaud Delalande).

Ainsi se répondent origines mystérieuses de l'homme et futur incertain de l'humanité sur fond d'apocalypse : le temps géopolitique serait arrivé à son terme. L'eschatologie est ancrée dans plusieurs romans sous forme de prophéties, certaines célèbres (St Malachie, Fatima), d'autres affligeantes (la prophétie maya, Bugarach). Comme à la fin du XIXᵉ siècle réapparaît le thème de la fin du monde (*Le Jugement dernier, Le Papyrus de l'apocalypse, La Clé de l'apocalypse*) qui reflète sans doute les traumatismes post-11 septembre et les craintes diffuses du monde occidental. Face à un avenir compromis, tout un pan de la fiction se réfugie dans un passé obscur, peut-être pour trouver du sens dans un monde insensé.

La Dernière prophétie de James Patterson, *La Prophétie du dernier jour* de Scott Mariani, *Apocalypse* de Giacometti et Ravenne. Apocalypse, millénarisme, numérologie, tout indique une conception circulaire ou palingénésiaque du temps, confirmant une tendance lourde de l'imaginaire contemporain : la défiance à l'égard du progrès et l'obsession du retour. Tout semble écrit d'avance ou se répéter à l'infini (*Reflets inachevés* d'Anna Galore), quitte à revivre les heures sombres du nazisme – un motif obsédant pour certains auteurs qui se plaisent à revisiter la société de Thulé, la Lance sacrée, la quête d'Otto Rahn en pays cathare, le mythe atlantidien ou quelque « rituel de l'ombre » oublié. Serions-nous à l'aube d'un nouveau « Matin des Magiciens » ?

Le Matin des Magiciens (1960) de Louis Pauwels et Jacques Bergier témoigne, encore aujourd'hui, d'un succès qui ne laisse d'interpeller ses détracteurs, scientifiques ou historiens. L'ouvrage porte déjà en germes les thèmes de réflexion, souvent hétéroclites, qui feront la fortune de la revue *Planète* (8 années, 41 numéros, 100 000 ex. par numéro) dans les années soixante : mystère des civilisations disparues, apparition d'ovnis, énigmes de l'histoire, phénomènes paranormaux. *Le Matin des Magiciens* alterne commentaires et fiction, faisant coexister nouvelles de science-fiction et présentations de théories pseudo-scientifiques, comme la « Terre creuse ». Dans cet ouvrage néoromantique qui veut réhabiliter la notion de merveilleux scientifique (le réalisme fantastique) triomphent l'imaginaire, le rêve, le délire parfois. Un souffle libertaire y stigmatise le rationalisme borné et la censure de l'imaginaire sous toutes ses formes, prônant une nouvelle approche qui permette à la fois une prise en compte des zones occultes du passé et une meilleure ouverture vers le futur. Un renouveau mythique est dans l'air du temps, et *Le Matin des Magiciens* y participe à sa façon.

Cinquante-cinq ans plus tard, le succès de l'éso-polar semble remettre au goût du jour les thèses des créateurs de *Planète* en les intégrant cette fois dans un cadre ouvertement fictionnel, ce qui n'oblitère nullement leur caractère provocant. C'est notamment le cas de l'ésotérisme nazi. Pauwels et Bergier savaient-ils qu'en mettant soudain l'éclairage sur le rôle des sociétés secrètes dans l'Histoire (les sectes pré-nazies), ils contribuaient à l'éclosion d'une « crypto-histoire » fabriquée de toutes pièces, ou d'un nouveau mythe, souvent décrié, mais toujours vivace ? Depuis lors, toute une série d'ouvrages est apparue, visant, dans le sillage du *Matin des Magiciens*, à mettre en évidence les sources occultes du nazisme.

Le polar ésotérique reprend les ingrédients qui ont fait le succès du phénomène *Planète*, panachant ses intrigues de spéculations ou de thèmes divers : Histoire invisible, sites mystérieux, cultes souterrains, tribus perdues, reliques archéologiques, intrigue amoureuse, courses-poursuites, quête d'un trésor (*Le Diamant de Jérusalem*, 2005, de Noah Gordon ; *Le Réveil des Templiers*, 2013, de Xavier Daudet), recherche d'un Graal (*Labyrinthe* de Kate Mosse, 2007 ; *La Conspiration du Graal* de Sholes et Moore, 2006). On réutilise de pseudo-énigmes archéologiques pour les combiner à l'occultisme, on recycle des éléments hétéroclites appartenant à la BD[95], au cinéma des années 30, à la subculture pop des années 50, aux séries télévisées, à la *fantasy*, à l'ufologie, à l'ésotérisme et à la parascience.

De quand dater ce phénomène ? D'abord des années de contre-culture 1960-70 avec le mouvement *Planète* et le développement du phénomène *New Age* (James Redfield), puis les années 80-90 qui voient se développer une vision conspirationniste du monde[96], ainsi qu'un regain

95   Voir *Le Rayon U* (1943), *L'Énigme de l'Atlantide* (1955), et dans une moindre mesure *Le Mystère de la Grande Pyramide* (1950) de E. P. Jacobs. On pense évidemment à certains albums d'Hergé comme *Les Sept boules de cristal* et surtout *Le Temple du soleil* (1945-46) où l'on atteint le lieu sacré en franchissant une cascade, et *Vol 714 pour Sydney* (1968), où l'on trouve un personnage figurant Jacques Bergier.

96   Notamment avec la diffusion de l'idée, véhiculée par des antimondialistes, selon laquelle derrière l'annonce d'un « Nouvel Ordre mondial » consécutif à la chute du bloc soviétique, se cache la menace d'un gouvernement mondial occulte, qui détient et manipule le vrai pouvoir, résidant dans la maîtrise de l'information à l'échelle mondiale (Pierre-André Taguieff, *La Foire aux illuminés. Ésotérisme, théorie du complot, extrémisme*, Paris, Mille et Une Nuits, 2005, p. 125).

d'intérêt pour les Templiers ou les maçons avec les ouvrages de Baigent, Leigh et Lincoln tournant autour de Rennes-le-Château ou ceux de Laurence Gardner (*Le Graal et la lignée royale du Christ*, 1999) et de Lyn Picknett et Clive Prince (*La Révélation des Templiers*, 1997). On pourrait, avec Françoise Champion, parler de « *nébuleuse mystique-ésotérique* », un nouveau syncrétisme dans la continuité des courants hétérodoxes du passé[97].

Il faut ajouter des événements plus récents perçus comme des complots ou une série de scandales liés au Vatican : assassinat de Jean-Paul 1er (*La Menace Oméga* d'Adrian d'Hagé), attentats contre la papauté (*Dieu le veut !* de Jean-Michel Sakka, 2008), scandale de la Loge P2, activités occultes de l'Opus Dei (*L'Émeraude du pape* de Claude Mossé) ou de certains lobbies. La désaffection du politique et l'obsession de transparence des démocraties entraînent un rejet des élites. La peur de l'Islam ou de la fin du monde provoque un large mouvement régressif dont la littérature populaire se fait plus ou moins consciemment l'écho. Les conspirateurs ne sont plus les extraterrestres, mais les autorités mêmes, gouvernants invisibles et autres maîtres cachés, qui ne cessent d'intervenir dans le destin de l'humanité, activant dans l'ombre leurs séides meurtriers.

Conclusion. Une rapide synthèse nous conduit à répondre plutôt négativement à la question initiale, même si l'on peut trouver des points communs aux deux périodes (1960/2016) : percée de l'irrationnel, changement de paradigme, intérêt pour l'Histoire et ses secrets, pour les civilisations disparues, pour les sectes et sociétés secrètes (Templiers,

---

97   F. Champion, (1990), *La nébuleuse mystique-ésotérique. Orientations psycho-religieuses des courants mystiques et ésotériques contemporains*, pp. 17-70 in Champion, F. et Hervieu-Léger, D. (Eds.) (1990). *De l'émotion en religion. Renouveaux et traditions*. Paris, Le Centurion, 1990, 254 p.

Illuminati), pour les énigmes historiques (Rennes-le-Château), impact fabulateur des théories scientifiques récentes (physique quantique), passerelles littéraires (fantastique, science-fiction), contexte New Age.

Toutefois des différences apparaissent. Il n'existe pas de phénomène « Planète », mais une constellation populaire d'ordre littéraire qui traverse tout l'Occident. Le contexte socio-politique est lui aussi différent : période de crises, de confusion, de quête de sens, atmosphère de fin de civilisation. Les thèmes de l'éso-polar tournent autour de l'apocalypse, de l'eschatologie et surtout du conspirationnisme. Nous sommes face à une littérature régressive : retours des dieux, des démons, des créatures monstrueuses, violence omniprésente, besoin de héros (et même de super-héros), de nouveaux grands initiés.

J'ai la faiblesse de penser que, pour comprendre la complexité du monde, il faut s'intéresser à l'Histoire et à la littérature, et notamment aux notions fondamentales du maintien et du change. « On ne peut pas vraiment moderniser les choses, écrivait Jean-Charles Pichon, parce qu'on tend de tout notre être, de toutes nos croyances, au *retour en arrière* (parce qu'on a peur) »[98]. Or, l'éso-polar reflète toutes ces tensions, surtout sur le plan temporel, privilégié par les intrigues. On ne peut qu'être interpellé par ce phénomène qui cristallise toutes les peurs actuelles, et se demander : à quel moment de l'Histoire nous trouvons-nous ?

Il semble que les éso-polars, reflets des hantises collectives, fassent écho au fameux mot de Balzac : « Il y a deux histoires : l'histoire officielle, menteuse, puis l'histoire secrète où sont les véritables causes des événements. »[99] On est alors contraint de s'interroger avec P.-A. Taguieff :

---

98   Voir « La leçon exemplaire », extraits d'œuvres récentes, novembre 2010,
99   Balzac, *Illusions perdues* (1837-43), Paris éd. Garnier-Flammarion, 1966, p. 590.

« Comment est-il possible que les représentations mythiques et les croyances magiques n'aient pas disparu avec le processus de rationalisation et d'intellectualisation qui a produit dans la modernité « sécularisation » et « désenchantement du monde »[100] ?

Taguieff note que, face au relativisme, à la désacralisation, à l'abolition des certitudes des sociétés occidentales, l'idée de complot « permet à l'homme démocratique en mal de repères de s'orienter ». La théorie du complot masque une question sous-jacente, celle du sens, c'est-à-dire celle de savoir qui est responsable de nos malheurs. « Dans un contexte de déchristianisation et d'affaiblissement des religions séculières (le progressisme), on assiste ainsi à l'émergence d'un « *nouvel invisible* », qui n'est pas de l'ordre du suprasensible, mais de ce qui est *caché*. Il s'agirait en quelque sorte d'une « *revanche du sacré* ». Taguieff affirme en effet que « *les productions culturelles mêlant ésotérisme et complotisme constituent un produit de substitution à une époque où la vie manque de sacré* ». L'éso-polar est certes loin des ambitions de Pauwels et de Bergier, mais il permet d'alléger, voire de rééclairer, l'ambiance crépusculaire actuelle par son appel néoromantique à redécouvrir l'histoire cachée de l'humanité.

---

100   Voir Pierre-André Taguieff, *La Foire aux illuminés. Ésotérisme, théorie du complot, extrémisme*, Paris, Mille et Une Nuits, 2005. Voir aussi l'interview de Taguieff dans *Marianne* n° 932, 27 février-5 mars 2015, p. 13.

Fabienne Leloup

Agrégée de lettres modernes, un temps enseignante à l'ENSAA Boulle à Paris (Ecole Nationale Supérieure des Arts Appliqués), rédactrice en chef de la revue « Les Échos de la Fonction publique », auteur de romans où mystères et sensualité se rencontrent parmi lesquels *Soie sauvage* en 2004 et *Le parfum de l'ombre* en 2007, passionnée par l'Histoire et ses secrets, Fabienne Leloup a consacré une biographie à une figure de la République, Maria-Deraismes, riche féministe et première franc-maçonne publiée en 2015.

Maria-Deraismes (blog de l'auteur)

Mon propos, destiné tant aux profanes qu'aux initiés à la Franc-Maçonnerie, a trait à une femme d'exception, Maria Deraismes, trop méconnue, qui, au crépuscule d'une vie militante, notamment pour la cause des femmes, est parvenue, en 1882, à créer la première Loge maçonnique mixte, qui deviendra la première Obédience mixte, le Droit Humain, enrichissant la Franc-Maçonnerie des échanges entre hommes et femmes, FF et SS, jusque là cantonnés à un univers presqu'exclusivement masculin.

À —Le contexte historique

La Franc-Maçonnerie moderne, créée à Londres en 1717, 37 ans après la révocation de l'Édit de Nantes, a été très longtemps, trop longtemps, réservée aux hommes, bien qu'ils se prévalent d'un message universel…

Ainsi, les femmes ne furent admises dans la FM que progressivement, de manière diverse, selon les époques et les pays.

Pourquoi ? Parce qu'au XVIIIe siècle les femmes sont légalement mineures, dépendent de leurs pères, maris ou frères et que l'éveil des consciences masculines à l'égalité des sexes été très long à venir.

À cet égard, l'article III des Constitutions d'Anderson, texte fondateur de la FM, rédigé par le pasteur James Anderson en 1723, disposait que les membres d'une loge *« doivent être des hommes de bien et loyaux, nés libres et d'âge mûr et discrets, ni serfs ni femmes ni hommes immoraux et scandaleux, mais de bonne réputation »*.

En 1736, le Chevalier de Ramsay énonce, dans un discours célèbre à la gloire de la Franc-Maçonnerie, la même interdiction, en insistant sur la *« craint(e) que l'amour entrant avec ses charmes ne produise l'oubli de la fraternité… »*

B —Les loges d'adoption

En 1726, la FM pénètre en France, le Grand Orient de France étant créé le 27 juin 1773, en même temps que le « rite français », par opposition au rite « écossais » (Anderson était écossais) jusqu'alors en vigueur.

Au XVIIIe siècle en France, dans la haute société, une place sera faite aux femmes, car la mixité et la sociabilité existent, de fait, au gré de la création de salons (Mme de Rambouillet, Mlle de Scudéry) réunissant des « beaux esprits », que nous qualifierions aujourd'hui « d'intellectuels ».

S'appuyant sur le fait que rien dans les Constitutions d'Anderson, n'interdisait aux femmes d'être reçues aux banquets et divertissements qui suivaient les travaux, ni de participer aux cérémonies religieuses de deuil ou de la Saint-Jean, les francs-maçons prirent l'habitude de nommer « sœurs » les dames présentes, issues de la noblesse, puis en vinrent à créer une « *maçonnerie de dames* » ou « *d'adoption* ». Ainsi l'entourage de Marie-Antoinette, les Duchesses de Bourbon, de Chartres ou la Princesse de Lamballe en firent partie.

Ce sont des loges fréquentées par des femmes de la haute société, parallèles à celles des hommes. Elles seront reconnues par le Grand Orient de France en 1774.

Mais cette franc-maçonnerie reste élitiste, car cantonnée à la haute noblesse, et évoluera au moment de la Révolution française.

Les Révolutionnaires, pour la quasi-totalité des hommes, veulent en effet une société mixte, mais sans égalité, s'arrogeant la sphère des idées et de la politique.

Les loges d'adoption réapparaissent après la chute de Robespierre (guillotiné en 1794), en 1798. Elles se réorganisent autour de deux grandes figures : l'Impératrice, Joséphine de Beauharnais, et la sœur de Napoléon Ier, Caroline Bonaparte.

Mais elles restent une exception, dans une nouvelle société qui dénigre évidemment les valeurs aristocratiques (sociabilité = mondanité ; galanterie = dépravation)

Le Code civil de 1804 enfonce le clou : les femmes sont la propriété de l'homme et destinées à la maternité. Elles doivent obéissance à leur époux.

Les femmes perdent leur pouvoir d'influence sur la société qu'elles ne retrouveront pas avant longtemps...

Ces loges d'adoption ne retrouveront pas leur importance. Avec le Code Civil et la misogynie du XIXe siècle prégnant, ces LL deviennent des coquilles vides.

Il faudra l'aide de certains hommes maçons et d'une femme d'exception, Maria Deraismes, pour déplacer définitivement les lignes.

C) Qu'en est-il de **la FM mixte française au XIXe siècle dans lequel vécut Maria Deraismes ?**

Vers la fin du XIXe siècle, en France, la maçonnerie écossaise (masculine) était regroupée au sein d'une obédience, aujourd'hui disparue, appelée Suprême Conseil de France.

La dénonciation des statuts monarchiques du SCDF, par certains de ses Ateliers, provoqua une dissidence de 12 loges qui fondèrent le 11 juillet 1880 « *La Grande Loge Symbolique Écossaise* ». Cette obédience resta modeste (37 loges), mais joua un rôle important dans l'évolution de la Franc-Maçonnerie.

C'est au sein de l'une de ses loges que Maria Deraismes fut initiée le

14 janvier 1882 dans la loge « *Les Libres Penseurs* » (1880-1895).

Elle avait sollicité auparavant son admission à la Loge « *La Clémente Amitié* » **au GODF qui n'avait pas donné suite à sa demande de candidature. Il faut dire que le GODF ne s'ouvrira à la mixité que voici 5 ans !**

Contre l'avis des « **députés** » **(représentants) des loges de la GLSE** (qui souhaitent fusionner avec le Grand Orient), « *Les Libres Penseurs* » **inscrivirent le principe de l'initiation féminine dans leur règlement intérieur, se proclamant Loge autonome, le 9 janvier 1882, en présence de Georges-Martin, membre de la Commission exécutive de la GLSE.**

RQ : en 1895, la GLSE deviendra LA GRANDE LOGE DE FRANCE.

3) MARIA DERAISMES (1828 - 1894)

Tombée dans l'oubli, Maria Deraismes est ce que l'on peut appeler aujourd'hui une « icône » : icône du féminisme, de l'art oratoire au féminin, et de la franc-maçonnerie au XIXe siècle.

Pourquoi a-t-elle été choisie pour être initiée ? Plusieurs raisons ont joué :

Un milieu favorable à la FM : née en 1828, dans une famille fortunée de bourgeois éclairés, choyée par un père voltairien, Maria a la chance de connaître une enfance heureuse dans un milieu privilégié et chaleureux. Privé d'héritiers (Maria perdra ses frères), François Deraismes décide de donner une solide éducation à Maria, la cadette. En compagnie d'Anne, sa sœur aînée, Maria apprend les langues anciennes, étudie l'histoire, l'histoire des religions, et la philosophe, prend des cours de piano et de peinture.

D'ailleurs, la peinture devient une passion pour l'adolescente, au point qu'elle songe à s'y consacrer totalement.

Des qualités morales (courage, détermination) et intellectuelles.

Mais cette vocation est mise en échec par le premier assaut de la maladie. À seize ans, la jeune fille subit les effets d'une maladie orpheline : la maladie de Crohn. Une maladie qui signe son destin.

Alitée, elle se met à lire la presse satirique de l'époque, découvre qu'elle a envie aussi d'écrire. Elle écrit des pièces de théâtre, tout en réfléchissant à ses propres articles. En 1848, elle a 20 ans. Avec sa maladie et son désir de liberté, Maria sait qu'elle ne se mariera pas. En revanche, Anne a envie de convoler. Autre tempérament. Maria la laisse partir en Bretagne, épouser son Malouin, tandis qu'elle s'enthousiasme pour le droit des femmes, et la personnalité d'Eugénie Niboyet.

À 24 ans, Maria perd son père et son mentor. Ce deuil affecte cruellement sa mère qui le suit de peu dans la tombe. S'ensuit une crise d'angoisse de Maria qui se sent seule, écartelée entre son désir de liberté et son besoin d'affection.

Cette crise prend fin avec le retour d'Anne à Paris. Devenue veuve, elle veut vivre avec Maria et gérer leur patrimoine. Le couple sororal est complémentaire : Anne est une femme d'intérieur ; Maria, d'extérieur. La présence d'Anne stimule la créativité de Maria qui se fait connaître comme polémiste (féministe) dans la presse.

Un profil particulier, celui d'oratrice

Durant le Second Empire, deux hommes Jules Labbé et Léon Richer ont repéré l'existence de cette demoiselle Deraismes. Il se trouve que Léon Richer, journaliste, franc-maçon (Loge Mars et les Arts) et féministe, a été chargé par le Grand Orient de France d'organiser un cycle de conférences sur des sujets de société. Il pense à Maria. On dit qu'elle était prête à refuser, quand elle était tombée sur un article particulièrement misogyne de Barbey d'Aurevilly, intitulé *« Les bas bleus »*. Elle accepte donc.

Sa venue au Grand Orient en 1866 fit sensation. On s'attendait à une vieille fille... Or, Maria pulvérise les clichés : jolie, distinguée, cultivée. Charismatique.

La voici lancée. Elle est un bon parti, mais refuse toute alliance.

Les mauvaises langues parlent d'inversion. Maria préfère-t-elle les femmes ? Hypothèse romanesque, non attestée. Une femme de son rang tait ses goûts.

Une femme de caractère et de convictions

Maria a le courage de défendre les femmes, les enfants exploités dans les mines ou les ateliers de couture, les animaux disséqués sauvagement dans les laboratoires.

Une femme de la bonne société, avec une importante surface sociale

C'est, et elle le restera toujours, une grande bourgeoise qui va se tourner vers la FM parce qu'elle croit en la République, combattant la misogynie et le sectarisme de l'Église catholique qui a une grande emprise sur les individus, en particulier les femmes.

Maria est et reste une grande bourgeoise, corsetée par certains préjugés. Préjugé de classe : c'est « mal » de faire étalage de son luxe, quand on est une dame ou même une courtisane. Préjugé littéraire : Zola est sale. Il remue la fange.

Le plus important chez Maria réside dans sa constance à vouloir faire respecter l'égalité des droits entre les hommes et les femmes, à corréler féminisme et politique. Pour elle, cette égalité passe par la République, une République au service de la liberté de conscience, et par là même de la laïcité et de la scolarisation obligatoire.

En 1869, elle fonde un journal avec Léon Richer, *Le Droit des femmes*. Grâce à cette publication, la franc-maçonnerie découvre la pensée de Maria Deraismes. Le salon des sœurs Deraismes devient célèbre, rivalisant avec celui de Juliette Adam, épouse d'un député, puis d'un sénateur de la gauche, se proclamant l'Égérie des élites républicaines. Peu à peu, Maria devient une figure incontournable de la vie intellectuelle et politique parisienne.

Le 11 juillet 1870, Maria et son fidèle « lieutenant », comme elle le surnomme, organisent un banquet féministe. Le succès alerte les autorités. On fait espionner Maria. Cette lutte incessante mine la santé fragile de la femme de lettres. Une nouvelle attaque de sa maladie l'oblige à quitter Paris. Elle suit les événements de la Commune à distance. Dès son retour, elle reprend ses activités de journaliste et de conférencière. On lui reproche son absence. De même, les militantes féministes d'ultra-gauche la détestent, car Maria ne prône pas l'Apocalypse, mais « la politique des petits pas ». Avant le droit au vote, le droit à l'égalité juridique, financière !

Après la Commune, Maria est obligée de regarder la vérité en face : son journal, ses conférences ne sont pas des leviers d'action assez puissants pour bâtir une nouvelle République. Elle a besoin d'une structure, d'un

« lobbying » efficace, si elle veut faire avancer ses idées progressistes. Elle pense aux francs-maçons, et au problème épineux de l'initiation des femmes. Certes, il y a eu des femmes initiées, dans le passé, mais c'étaient dans des loges d'adoption, c'est-à-dire des loges sous tutelle masculine.

Après Léon Richer, la Providence ou le hasard met Georges Martin sur son chemin. Ce médecin féministe lui aussi va l'aider à franchir le Rubicon et l'épaulera sur son chemin initiatique.

Une initiation tardive à 54 ans

C'est la Loge, Les Libres-Penseurs du Pecq qui va lui ouvrir les portes du Temple, en modifiant, contre l'avis de la Grande Loge Symbolique Écossaise, son règlement intérieur. Maria Deraismes finit par être initiée le 14 janvier 1882, non sans remous... Cette nouvelle fait l'effet d'une bombe. Le Vénérable est obligé de démissionner.

Le courage pour Maria c'est de ne céder ni à la colère ni à la lassitude. Elle continue ses activités de polémiste, jusqu'à ce que Georges Martin et elle décident de créer leur propre obédience mixte et internationale : Le Droit Humain.

Le 14 mars 1893, Maria initie à son tour 17 femmes. Parmi elles : l'épouse de Georges Martin, la scientifique Clémence Royer, sa propre sœur.

Le 4 avril 1893, est déposée au Ministère de l'Intérieur, la charte de La Grande Loge Symbolique Ecossaise *« Le Droit Humain »*, obédience qui se veut mixte et internationale, selon le dessein de sa fondatrice.

Le 6 février 1894, Maria s'éteint en laissant un certain nombre de manuscrits qu'Anne publiera, et en laissant le souvenir d'une volonté d'acier dans un corset de satin. Une foule impressionnante assiste aux obsèques de cette grande dame qui mit sa fortune au service de ses idées, sans compromission.

Notons qu'elle fait partie des rares femmes à avoir une statue à son effigie, square des épinettes, dans le 17e arrondissement, à Paris : elle s'est dressée contre les inégalités et se dresse, à jamais debout, pour l'émancipation et la liberté d'expression des femmes !

Conclusion

Maria-Deraismes est une messagère d'espérance, l'espérance d'un courage pluriel : « *Je vous laisse le temple inachevé, poursuivez, entre ses colonnes, le droit de l'humanité.* »

Et une femme extraordinaire, car c'est la première femme, en France, à avoir créée une obédience, i. e un ordre maçonnique mixte.

Sommaire

POURQUOI ADHERER A L'ODS

En plus de rassembler toute une « faune de l'espace » passionnée de littératures de l'imaginaire, science-fiction, fantastique, fantasy, etc et tant de chercheurs érudits des univers de l'étrange, l'ODS est une association active qui organise ou coordonne de nombreux événements dans les domaines qui nous intéressent.

C'est un fait que l'activité de publication de fanzines qui était son expression principale à ses débuts a dû être transférée vers notre maison d'édition, EODS, faute de lecteurs assidus dans un secteur qui s'est peu à peu reporté vers le web. Certaines revues ont disparu, d'autres sont nées à cette occasion. Force est de nous adapter au potentiel du lectorat d'aujourd'hui, et nous voilà au XXIe siècle !

Toutefois, tout en nous adaptant, nous tenons, à l'ODS, à préserver cette convivialité qui fut toujours la première motivation de notre existence associative. C'est pourquoi nous poursuivons avant tout l'organisation de rencontres, conférences, congrès, dîners thématiques et autres missions scientifiques autour des thèmes qui nous sont chers. Participer à ces nombreuses activités, les organiser ou permettre à certains invités de venir y présenter leurs travaux, voilà aujourd'hui la vocation de l'ODS. Ainsi, tout au long de l'année, vous êtes conviés à nous rejoindre lors de dîners informels, comme celui du Nouvel Eon en janvier, et toutes sortes de rencontres à thèmes intitulées « on the spot », selon le calendrier de la venue d'auteurs en région parisienne, ainsi qu'à des colloques de haute teneur dont ceux organisés à Rennes-le-Château (ARTBS) ou à Paris comme le Congrès Fortéen, les journées Heuvelmans ou Jacques Bergier, etc, mais aussi à nous rendre visite sur les stands des nombreuses conventions auxquels nous participons.

L'organisation de ces événements et la participation de l'association à ceux organisés par d'autres sont aujourd'hui devenus notre activité principale, car c'est ce qui fait vivre notre univers littéraire et préserve ce caractère unique qui nous plaît. Si certains supports de lecture disparaissent petit à petit au profit de medias plus modernes – du fanzine au webzine, des listes de discussions aux réseaux sociaux, etc. – il reste que nous sommes tous attachés aux livres originaux au format papier, non seulement à l'objet que l'on peut aujourd'hui commander en trois clics, mais surtout à ce qui va autour, c'est-à-dire les rencontres, les discussions, le partage et les possibles collaborations qui s'improvisent au gré des initiatives de nos membres les plus passionnés et, bien entendu, au plaisir de lire !

La participation de chacun à cette fourmillante activité littéraire et autour de la littérature se coordonne le plus simplement possible par le moyen de notre association, et c'est la raison d'être de l'ODS. En y adhérant, et surtout en participant par votre présence et votre concours à ces rencontres, ainsi qu'à la naissance et la réalisation de nouveaux projets, vous nous aidez à prolonger la vie de notre multivers littéraire.

Bienvenue à tous et merci pour votre présence !

Emmanuel Thibault, membre du Conseil de AODS.

LES ÉDITIONS DE L'ŒIL DU SPHINX
SARL au capital de 15.245 €
R.C.S. Paris B 432 025 864 (2000 B11249)

36-42 rue de la Villette
75019 PARIS
FRANCE

Mail ods@oeildusphinx.com
http://www.œildusphinx.com
http://boutique.oeilduphinx.com

Tél 09.75.32.33.55
Fax 01.42.01.05.38

Toutes nos parutions sont sur :
http://boutique.oeildusphinx.com

www.ingramcontent.com/pod-product-compliance
Lightning Source LLC
Chambersburg PA
CBHW061242120726
48001CB00001B/98